einfach fit

Matthias Mala

Wohlfühlen durch Mudras

midena

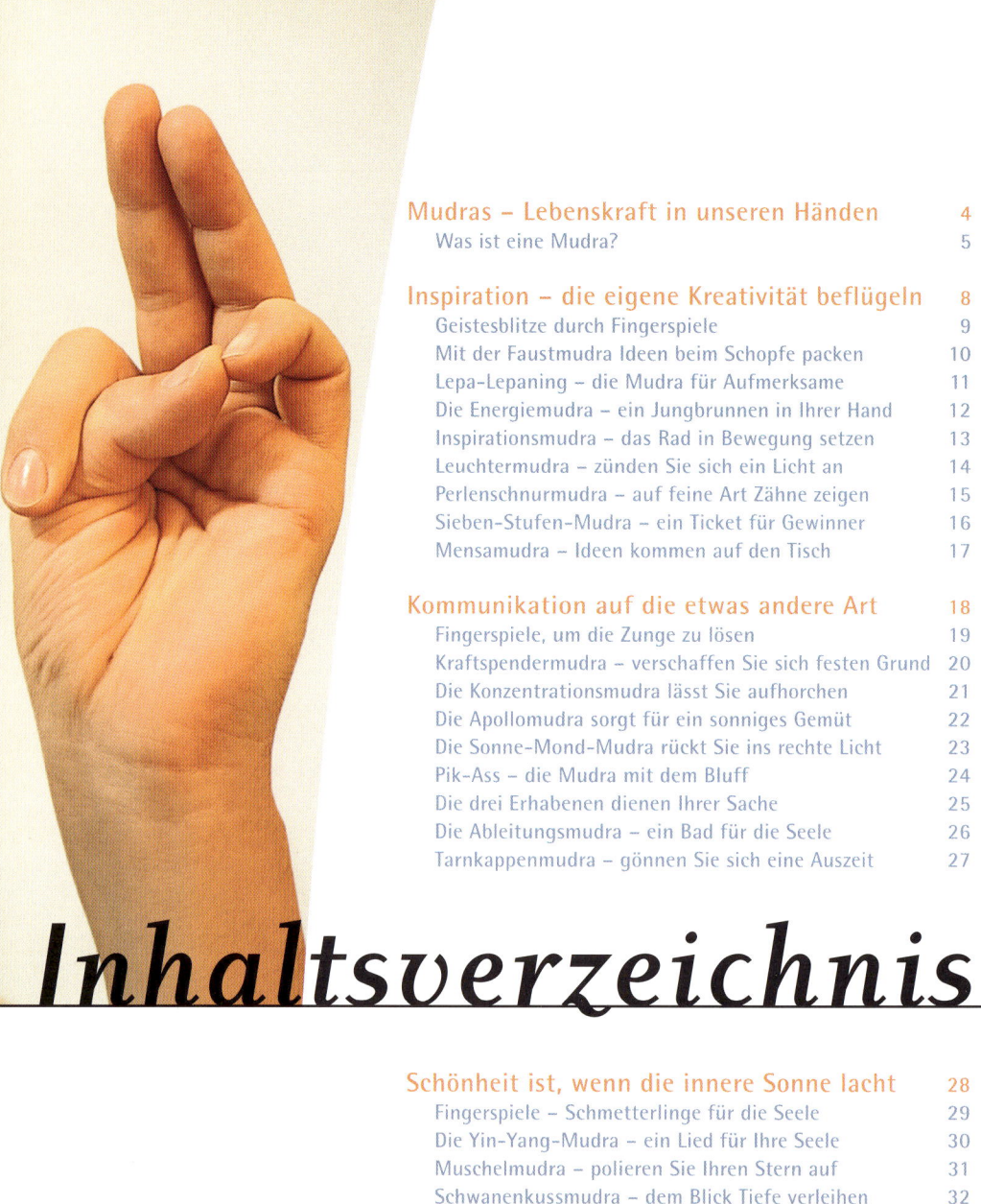

Inhaltsverzeichnis

Ohne seine beiden Hände wäre
der Mensch nicht zum Menschen
geworden. Es war ihre Fertigkeit,
die, kaum dass er sich aufgerich-
tet hatte, seinen Geist beflügelte.
Und noch vor den Worten waren
es die Hände, mit denen er seine
Gefühle differenziert ausdrücken
konnte. Mit Mudras entdecken
Sie die Kraft, die in Ihren Händen
steckt, neu und lernen, sie für
sich zu nutzen.

Mudras –
Lebenskraft
in unseren
Händen

Was ist eine *Mudra?*

Der Begriff »Mudra« stammt aus dem Sanskrit und bedeutet so viel wie »Siegel«. Mit dieser Bezeichnung wurden nicht nur die tatsächlichen Siegel belegt, die einst Zeichen der Macht waren, sondern auch rituelle Gesten, durch die die herrschenden Priester und Fürsten ihren Willen kundtaten und für jedermann ersichtlich besiegelten. Mudras sind also Handhaltungen, die zum Teil aus Gesten abgeleitet als auch eigens zu bestimmten Zwecken geschöpft wurden.

Im heutigen Verständnis begegnen uns Mudras auf dreierlei Art: Einmal als choreografierte Gesten des asiatischen Tanztheaters von Indien über Thailand bis hin nach Indonesien. Ein anderes Mal als ausgeklügelte rituelle Gestik im Gottesdienst hinduistischer und buddhistischer Priester. Und schließlich ein weiteres Mal als die Gesundheit fördernden Handhaltungen in den traditionellen Heilkunden Asiens sowie in verschiedenen Formen des Yoga.

Mit den Möglichkeiten ritueller und heilkräftiger Mudras wollen wir uns in diesem Buch beschäftigen. Denn es sind diese Handhaltungen, mit denen wir unserem Geist und unserem Körper subtile Impulse vermitteln, durch die wir in sanfter, aber auch bestimmter Weise wieder ins Lot geraten.

Man weiß heute, dass Handarbeiten die Leistungen des Gehirns nachhaltig verbessern. Bereits einfache Fingerübungen regen die Hirndurchblutung ebenso an wie ein Spaziergang.

Auf welche Weise die Mudras wirken

»Anfassen verboten!«, in Museen hat dieser Hinweis seine Berechtigung, im alltäglichen Leben würden wir unter dieser Prämisse verkümmern. Wer also weiß, wie wir im wahren Sinne des Wortes unsere Welt »begreifend« erfassen, der mag einen Zusammenhang zwischen abgestimmter Handhaltung und körperlich-seelischer Befindlichkeit nicht von der Hand weisen. Schließlich ist unsere geistige Entwicklung eng mit unseren Händen verknüpft. Kaum geboren, »erfassen« wir bereits unsere Umwelt und erlangen so ein Bild über die Art und Beschaffenheit der Dinge. Die hierbei gewonnenen Eindrücke werden, je nachdem ob sie mit handwerklichen, emotionalen oder kommunikativen Leistungen verbunden sind, in den unterschiedlichsten Regionen der Hirnrinde aufgezeichnet. Hierdurch sind unsere Hände wie kein anderes Organ breitflächig in unserem Gehirn präsent.

Tasten Sie bewusst fein strukturierte Gegenstände ab, regen Sie Ihre Gehirnleistung an und trainieren erwiesenermaßen Ihr Kurzzeitgedächtnis sowie Ihr räumliches Vorstellungsvermögen.

Dies bedeutet, dass so gut wie jede Hirnaktivität auch in engem Zusammenhang mit unseren Händen steht. Insbesondere sind es kommunikative und emotionale Prozesse, bei denen unwillkürliche Bewegungen der Hände ausgelöst werden. Umgekehrt können wir durch gewisse Handhaltungen auch bestimmte Empfindungen auslösen. Beobachten Sie hierzu nur Ihre sich verändernde Stimmungslage, sobald Sie eine Faust formen oder die Hände preisend in die Höhe heben.

Von der Akupunktur wissen wir, dass wir aus unseren Händen unserem Körper auch heilsame Anregungen vermitteln können. So beginnen oder enden alle Hauptleitbahnen an den Fingern. Gleiches gilt für die Akupressur, bei der jedes Körperteil in den Handflächen über seinen speziellen Korrespondenzpunkt verfügt. Die Tatsache, dass diese Heilkunden greifen, mag gleichfalls an der engmaschigen zerebralen Präsenz unserer Hände liegen.

Formen Sie demzufolge eine Mudra, sprechen Sie unmittelbar die entsprechenden Regionen in Ihrem Gehirn oder Körper an und bewirken so einen sanften Impuls, durch den sich Ihre seelische und körperliche Befindlichkeit verändert.

Wie Mudras geformt werden

Die Finger- und Handhaltungen der Mudras sind keineswegs willkürlich, sondern basieren auf einer mehr als 4000 Jahre alten Tradition. Hierbei wurden größtenteils Gesten kultiviert, die seelische Empfindungen sichtbar machten. Teilweise wurden Mudras auch von sensiblen Menschen entwickelt, die sich hierzu von ihrem Feingefühl leiten ließen. Hierbei folgten sie offenbar einem gewissen Schema, bei dem den einzelnen Fingern bestimmte Charaktereigenschaften unterlegt wurden.

Das Wissen um diese grundlegenden Fingereigenschaften geriet jedoch in Vergessenheit und wurde von mir erst nach jahrzehntelanger Forschung wieder entdeckt. Hierdurch ist es uns mittlerweile möglich, nicht nur die herkömmlichen Mudras nachzubilden, sondern auch selbst wirksame Mudras zu komponieren, die nach individuellen Bedürfnissen geformt werden.

Nachstehend bekommen Sie die Fingereigenschaften in einer vereinfachten Übersicht erklärt:

- **Daumen:** Lebensenergie, Körperbewusstsein, Willenskraft, ursprüngliche Gefühlswelt, intuitives Erfassen der Umwelt, Magen-Darm.
- **Zeigefinger:** Selbstbewusstsein, Ich-Stärke, Willensbekundung, Selbstverwirklichung, Schaffenskraft, Rationalität, Muskulatur, Herz, Augen.
- **Mittelfinger:** Realitätssinn, Ideen umsetzen, Anpassung, Beharrlichkeit, Tugendhaftigkeit, Lunge, Hals-Nasen-Ohrenbereich.
- **Ringfinger:** Kommunikationsgabe, Gemeinsinn, Sinnlichkeit, Schönheitsempfinden, Subjektivität, Kreativität, Fantasie, Intuition, Knochen, Verdauung.
- **Kleiner Finger:** Vernunft, Intellekt, Sprachvermögen, Auffassungsgabe, Hellsichtigkeit, Spiritualität, Geschäftssinn, Abwehrkraft, Blase, Geschlechtsorgane, Wirbelsäule, Gehirn.

Anhand dieser Fingermerkmale können Sie sich selbst eine für Sie passende Mudra entwickeln. Hierzu führen Sie jene Finger zusammen, welche die gewünschte Eigenschaft, die Sie stärken wollen, besonders unterstreichen. Vermeiden Sie hierbei jedoch komplizierte Fingerstellungen. Eine einfache Mudra lässt sich bequemer halten, und Sie können sich besser auf den wirkenden Energiefluss konzentrieren.

Je nachdem in welcher Höhe Sie an einem Finger angreifen oder Finger miteinander kreuzen, unterstützen Sie unterschiedliche Temperamente der Fingereigenschaften.

- Im unteren Fingerglied sprechen Sie vor allem Ihre Ich-Stärke an. Hier setzen Sie Impulse, um konkrete Sachverhalte, die mit alltäglichen und akuten Problemen einhergehen, zu bewältigen.
- Am mittleren Fingerglied unterstützen Sie eher rationale Entwicklungen, womit Sie Ihren Ideen und Absichten Energien zulenken. Hier lassen sich aber auch innere Blockaden aufheben.
- Mit dem oberen Fingerglied stärken Sie Ihre seelische Innerlichkeit und Ihr Empfindungsvermögen. Psychische und emotionale Beeinträchtigungen finden hierdurch sanfte Lösung.

Anhand der Fingermerkmale können Sie nicht nur eigene Mudras konstruieren, sondern auch die Eigenschaften bestehender Mudras lesen. Zudem erkennen Sie an den Handhaltungen anderer, welche Eigenschaften diese unbewusst versuchen, in sich anzusprechen.

Sie erhöhen die Wirkung einer Mudra, wenn Sie auf Ihren Atem achten. Atmen Sie langsam, tief und gleichmäßig. Beim Einatmen hebt sich Ihre Bauchdecke, beim Ausatmen senkt sie sich.

Formen Sie eine Mudra, wann immer Ihnen danach ist oder Sie gerade Kraft benötigen. Sie können eine Mudra an jedem beliebigen Ort halten. Ihre Wirkung wird hierdurch nicht geschmälert.

Haben Sie das Gefühl, in dem ewig gleichen Trott zu stecken, und wollen Sie Ihren Ideen eine neue Richtung geben? Mit den Mudras in diesem Kapitel helfen Sie Ihrer Fantasie auf die Sprünge und verleihen Ihrem Geist Flügel. Spüren Sie in Ihren Händen den Fluss der Kreativität und das wachsende Vertrauen in Ihre Intuitionsgabe.

Inspiration –
die eigene Kreativität beflügeln

Geistesblitze durch *Fingerspiele*

Beobachten Sie doch einmal Ihre Hände, sobald Sie angestrengt über eine Sache nachdenken: Ihre Hände »denken« regelrecht mit! Sie bewegen sich scheinbar unwillkürlich, während Ihre Gedanken das Problem umkreisen. Mit diesen unbewussten Fingerbewegungen regen Sie Gehirnregionen an, die Ihnen bei der Problemlösung nützlich sind. Es ist, als würden Sie förmlich in Ihrem Geist nach verborgenen Einfällen graben. Durch ein gezieltes Fingerspiel lässt sich dieser »Denkprozess« noch verstärken.

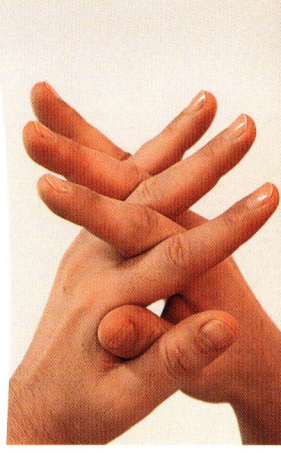

Üben Sie das kreative Fingerspiel

Verschränken Sie Ihre gestreckten Finger ineinander, auch die Daumen sollten miteinander verschränkt sein. Halten Sie dabei Ihre beiden Handflächen dachförmig zueinander, sodass Ihre Finger eine kammartige Krone bilden. Dies ist gleichzeitig die Ausgangsstellung, zu der sie zwischen den einzelnen Übungsschritten zurückkehren. Achten Sie während der ersten drei Übungsfolgen darauf, dass Ihre Finger gestreckt bleiben und sich nicht voneinander lösen.

Kehren Sie zwischen den Übungen immer wieder zu dieser Ausgangsstellung zurück.

- Bewegen Sie Ihre Handgelenke in rascher Folge ruckartig parallel gegeneinander. So drücken Sie mal das eine Handgelenk von sich weg, während Sie gleichzeitig das andere an sich heranziehen. Ihre Handballen sollten sich dabei nicht berühren.
- Reiben Sie nun beide Handballen aneinander. Hierbei dürfen sich Ihre Daumen lösen und sich gleichfalls aneinander reiben.
- Führen Sie Ihre Handflächen annähernd in die Waagrechte und stoßen Sie die ineinander verschränkten Fingerwurzeln mehrmals ruckartig gegeneinander – so, als wollten Sie sich Handschuhe anpassen.
- Zuletzt falten Sie Ihre verschränkten Finger, die Handballen sollten sich dabei nicht berühren. Drücken Sie abschließend mehrmals heftig mit Ihren Fingerspitzen gegen die Grundgelenkknöchel der Finger der Gegenhand.

Wiederholen Sie die vier Schritte dieser Übung dreimal hintereinander, wenn möglich öfters am Tag.

Mit dieser Übung regen Sie nicht nur Ihr kreatives Potential an, sondern bewirken auch eine sanfte körperliche Stimulation. Geist und Körper finden so zu schöpferischem Gleichklang.

Mit der Faustmudra

Ideen beim Schopfe packen

So formen Sie die Mudra: Schließen Sie Ihre linke Hand zu einer Faust. Ihre geöffnete rechte Hand halten Sie vor Ihren Nabel. Schlagen Sie mit der Faust dreimal in die rechte Hand. Nach dem dritten Schlag lassen Sie die Faust in Ihrer Rechten ruhen. Betrachten Sie dabei Ihre Hände und spüren Sie der Kraft nach, die Sie empfinden.

So stärkt Sie die Faustmudra

Bei Prüfungsangst formen Sie diese Mudra. Sie nimmt nicht unbedingt die Furcht, doch Sie schenkt Ihnen den Mut, sich der Herausforderung zu stellen.

Mit der zur Faust geformten Linken bündeln Sie die verborgene Kraft Ihrer Begabungen und Wünsche, die Sie solcherart umschließen. Das dreimalige Schlagen der Faust in die rechte Hand lässt Sie die Macht Ihres Willens spüren. Der leichte Schmerz in der Handfläche ist erträglich und zugleich anspornend. Die rechte Hand ist die Hand der Tat, mit ihr schaffen wir uns unseren Platz in der Welt. In ihr ruht nun die geballte Linke, sie stützt, was die Rechte schafft, und regt durch ihre Gewalt die Tatkraft der Rechten an. Unerkannte Energien fließen über. Betrachten Sie Ihre Hände, so sehen Sie in Ihrer Faust einen starken Kern, aus dem ein mächtiger Baum werden wird. Ihre rechte Hand ist das Beet, die gute Erde. In ihr darf der Kern wurzeln, sie spendet ihm die unentbehrliche Energie für sein Gedeihen. Halten Sie die Mudra, bis der Druck in Ihrer rechten Hand nachlässt.

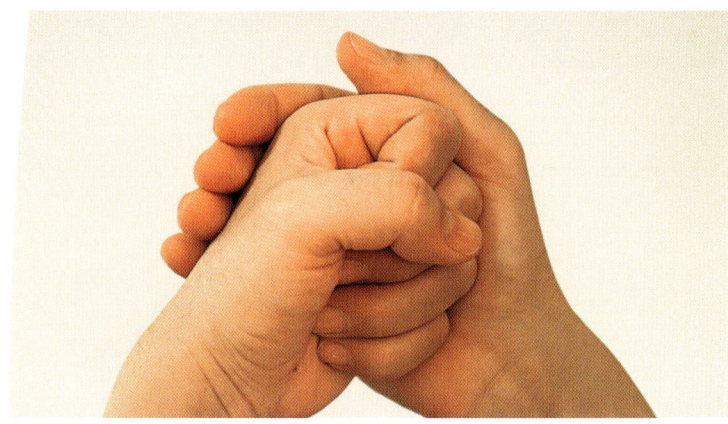

Mit der Faustmudra löst sich auch so mancher Stein von Ihrem Herzen.

Lepa-Lepaning –
die Mudra für Aufmerksame

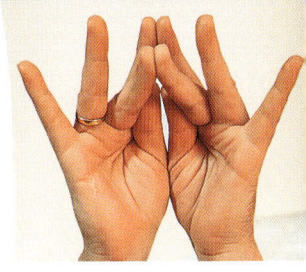

So formen Sie die Mudra: Bevor Sie die Mudra wie im Bild formen, reiben Sie Ihre Handflächen aneinander, bis sie sich erwärmen, dann klatschen Sie einmal in die Hände. Danach reiben Sie wieder Ihre Handflächen und klatschen zweimal. Reiben Sie die Handflächen noch ein drittes Mal und klatschen dreimal in die Hände. Formen Sie jetzt die Mudra und halten Sie sie etwa drei Minuten in Kinnhöhe. Achten Sie dabei darauf, dass Ihre Daumenspitzen zwischen Zeige- und Mittelfinger ruhen.

Diese Mudra öffnet Ihnen die Augen für das Wesentliche und für Neues.

So stärkt Sie die Lepa-Lepaning-Mudra

Die Lepa-Lepaning-Mudra zählt zum alltäglichen Reinigungsritual balinesischer Priester. Dementsprechend werfen Sie mit ihr Ballast ab und erlangen geistige Frische. Ungerechtfertigte Sorgen, eingleisige Überlegungen und unfertige Gedanken lösen sich auf und verfliegen. Sie halten die Gedankenmühle an, durch die Ihre Einfälle blockiert werden. Auf diese Weise genehmigen Sie sich eine schöpferische Pause, auf dass Ihnen neue Einfälle zufliegen können. So steigern Sie Ihre Aufmerksamkeit für kommende Dinge. Sie verfeinern Ihr Gefühl für das Naheliegende und Mögliche und öffnen sich hierdurch für neue Eindrücke und Einsichten.

 Expertentipp

Klarer Blick – strahlende Augen

Durch das Reiben der Handflächen werden auch sanfte heilsame Energien, die durch unsere Hände strömen, angeregt. Handaufleger können sich dieser Kräfte übrigens bewusst bedienen. Halten Sie sich Ihre durch Reiben angewärmten Handflächen vor die geöffneten Augen und blicken Sie gerade in die Handmitte. Diese »Augenmudra« hilft bei müden und gereizten Augen. Bei Gerstenkörnern lindert sie den Juckreiz und lässt sie rascher abschwellen. Zudem verleiht sie Ihren Augen einen besonderen Glanz und einen lebhafteren Ausdruck.

Die Energiemudra –
ein Jungbrunnen in Ihrer Hand

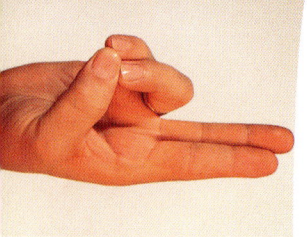

So formen Sie die Mudra: Halten Sie an der rechten Hand Ihre Daumenspitze gegen die Spitzen von kleinem Finger und Ringfinger. Die zusammengehaltenen Finger sollten möglichst ein Rund bilden. Zeige- und Mittelfinger bleiben gestreckt. Atmen Sie, während Sie die Mudra halten, gleichmäßig tief ein und aus.

So stärkt Sie die Energiemudra

Mit dieser Mudra können Sie ganz bewusst Ihr »Prana« – Ihre Lebenskraft – stärken. Wichtig ist dabei gleichmäßiges Atmen.

Formen Sie die Mudra, wann immer Sie besonders viel Kraft für eine Aufgabe benötigen. Im Yoga wird diese Handhaltung »Pranamudra« genannt. Prana ist die Lebenskraft, die wir mit dem Atemholen aufnehmen. Folglich stärkt diese Mudra Ihre Vitalkraft. Sie fühlen sich danach erfrischt und gestärkt, zugleich verschaffen Sie sich Luft für neue Taten und Gedanken. Schließlich gilt die Energiemudra auch als ein Problemlöser. Denn durch die mit ihr einhergehende körperliche und geistige Belebung gelangen Sie außerdem zu einer neuen Sicht und Beurteilung bestehender Schwierigkeiten. Damit ist auch eine gewisse Schärfe des Blicks verknüpft. Sie erkennen bislang übersehene Details leichter, wodurch Sie oft zu ungewöhnlichen Lösungen gelangen und darauf Ihren Mitmenschen meist um eine Nasenlänge voraus sind.

Halten Sie die Energiemudra links, vermitteln Sie sich einen Impuls, der die Gedanken klärt. Gleichzeitig erhöht sich Ihr Atemvolumen.

 ## Gut zu wissen

Mudra im Doppelpack – statt Kaffee

Die Energiemudra wird ferner als Heilmudra gegen jede Art von körperlicher Schwäche geformt. Insbesondere bei Augenkrankheiten spendet sie Linderung und unterstützt den Heilungsprozess. Durch ihre belebende Kraft vertreibt sie zudem Müdigkeit und Nervosität. Deshalb ist diese Mudra gelegentlich die gesündere Alternative zu einer Tasse starkem Kaffee.

Wird die Energiemudra gemeinsam mit der Ableitungsmudra (siehe Seite 26) geformt, entsteht eine ungewöhnlich meditativ wirkende Mudra. Sie beruhigt das Gemüt und wirkt zugleich wie eine Frischzellenkur.

Inspirationsmudra –
das Rad in Bewegung setzen

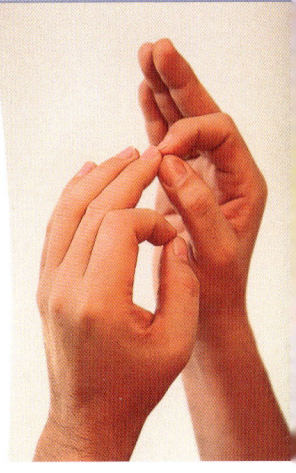

So formen Sie die Mudra: Formen Sie an beiden Händen Daumen und Zeigefinger zu einem Kreis. Halten Sie die rechte Hand in Höhe Ihrer Kehle mit der Handfläche nach außen. Ihre linke Hand platzieren sie in Herzhöhe mit der Handfläche zum Körper. Berühren Sie sanft mit der Spitze des Mittelfingers der linken Hand die Spitzen von Daumen und Zeigefinger der rechten Hand. Halten Sie die Mudra über 60 Atemzüge, also gut fünf Minuten.

So stärkt Sie die Inspirationsmudra
Mit dieser Mudra wird im Buddhismus der lehrende Buddha dargestellt, der das »Rad der Lehre« in Bewegung setzt. Diese spirituelle Mudra sollte deshalb auch mit Respekt geformt werden. Andererseits ist sie auch eine profan wirkende Handhaltung, durch die freilich in besonderem Maße ursprüngliche und lautere Kräfte geweckt werden. Womit sie zu den weniger alltäglichen Mudras zählt. In der Tat spricht diese Mudra eine ursprüngliche Intelligenz an, mit der Sie auf ein tiefes inneres Wissen zugreifen. Hierdurch erschließen Sie sich einen Quell purer Kreativität, durch den Sie Ideen und Problemlösungen zu Aufgaben finden, die zuvor in solchen Zusammenhängen noch nicht bedacht wurden. Gerade in scheinbar hoffnungslosen Situationen lohnt es sich, diese Mudra zu formen. Denn oft genug liegt in dem an sich Aussichtslosen der schlummernde, aber dennoch mächtige Keim für einen überragenden Neubeginn. Gönnen Sie sich, nachdem Sie die Mudra gehalten haben, eine kleine Pause, damit sich Ihre neuen Pläne entfalten können.

Meditation zur Begleitung der Mudra
Sprechen Sie zu sich, während Sie die Mudra halten: »Alles fließt von mir ab, aller Kummer, alle Sorgen. Ich werde aufstehen und alles loslassen. Nichts wird mich mehr bedrücken. Ich werde ein neuer Mensch sein. Nichts vom Alten wird an mir haften. Ich werde ein neues Haus bauen, und kein Stein des alten wird in seinen Mauern Platz haben. Ich habe keine Furcht vor dieser Wandlung.«

Diese Mudra spendet heilsame Kräfte. In Phasen der Regeneration bietet sie sanfte belebende Impulse, die verbliebene Unpässlichkeiten rasch beheben.

Sobald Sie den Daumen gegen die Spitze Ihres Ringfingers halten, formen Sie eine einfache, jederzeit einsetzbare Mudra, die Ihre Kreativität beflügelt.

Leuchtermudra –
zünden Sie sich ein Licht an

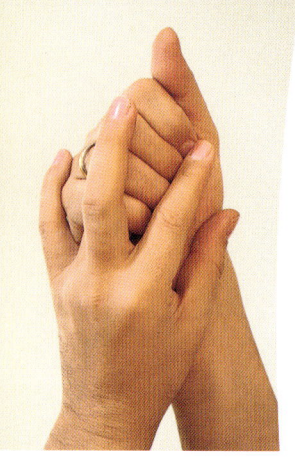

So formen Sie die Mudra: Umschließen Sie mit Ihrer rechten Faust den linken Ringfinger, den Daumen strecken Sie dabei nach oben. Die restlichen Finger Ihrer linken Hand platzieren Sie wie folgt um Ihre rechte Faust: Der Daumen wird gegen das rechte Handgelenk gehalten. Mit dem Zeigefinger bedecken Sie die Nagelglieder. Den Mittelfinger legen Sie über die Mittelknöchel. Der kleine Finger ruht an den Grundgelenken von kleinem und Ringfinger. Halten Sie die Mudra wenigstens drei Minuten in Stirnhöhe. Wenden Sie sich dabei einer Lichtquelle zu.

So stärkt Sie die Leuchtermudra

Mit dieser Mudra sprechen Sie Ihren schöpferischen Tatendrang auf drei Ebenen an. Zum einen regen Sie Ihre seelische Empfindsamkeit an und provozieren hierdurch ein Harmoniebedürfnis. Äußere Erscheinung und innere Wahrnehmung streben so zu einem sich verbindenden Eindruck, der auch anregende Disharmonie zulässt. Des Weiteren suchen Sie auf einer kommunikativen Ebene Ihre Vorstellungen mit gültigen ästhetischen Entsprechungen zu verbinden, während Sie sich letztlich auf einer dritten, mehr praktischen Ebene von deren möglicher Verwirklichung leiten lassen. Ideal, Idee und Tat wirken ineinander. So schaffen Sie für ein Vorhaben die bestmögliche Voraussetzung, wodurch ihm bereits in der Entstehung allgemeine Anerkennung zuteil wird.

Diese dreifache Anregung durch die Leuchtermudra wirkt sich bei jeder künstlerisch gestalterischen Tätigkeit positiv aus. Gleichermaßen unterstützt die Mudra aber auch alle anderen Bereiche, die ein geplantes Vorgehen erfordern. Da hier jedoch der gesetzte Impuls weniger offenkundig ist, sollten Sie, nachdem Sie die Leuchtermudra ein erstes Mal geformt haben, sich an einer musischen Tätigkeit versuchen. Hierdurch erwerben Sie sich ein begründetes Vertrauen in die Kraft der Mudra. Danach dürfte für Sie ihr Name Programm werden, indem Sie sie als ein »Licht der Erkenntnis« all Ihren Planungen voranstellen.

Die Leuchtermudra ist in jeder Hinsicht ein Geschmacksverstärker für alles, was Ihren Augen schmeichelt. Gleichzeitig unterstützt sie Ihre kommunikative Fähigkeit.

Formen Sie Mudras zu jeder sich bietenden Gelegenheit. Durch ihre häufige Anwendung regen Sie Ihr Langzeitgedächtnis an.

Perlenschnurmudra –
auf feine Art Zähne zeigen

So formen Sie die Mudra: Halten Sie beide Hände mit den Fingerspitzen gegen eine Tischplatte. Versuchen Sie dann, sie in eine Reihe zu setzen. Heben Sie jetzt die Hand an. Halten Sie daraufhin beide Reihen Fingerspitzen in kurzem Abstand gegeneinander.

So stärkt Sie die Perlenschnurmudra
Aufgereiht wie Perlen an einer Kette liegen Ihre Fingerspitzen und mit ihnen Ihre Temperamente aneinander. So bringt diese Mudra schon bildlich Ordnung in Ihr Gemüt. Gefühlsverwirrungen glätten sich, und Zögern und Unentschlossenheit haben ein Ende. Insofern ist sie eine Geste der Versöhnung mit sich selbst. Sie werden wieder Ihr eigener Freund und wissen, was gut und schlecht für Sie ist.

Mit dieser Handhaltung sprechen Sie gleichsam zwei Seiten in sich an: die dunkle und die helle; die weibliche und die männliche; die destruktive und die konstruktive. Keine dieser Seiten vermag für sich alleine zu bestehen – nur, wenn sie harmonisch zusammenwirken, formt sich aus ihnen ein gesundes Ganzes. Dieses Heilsein stoßen Sie mit dieser Mudra an. Hierdurch gelangen Sie zu einer Sicht über die Dinge und erkennen Zusammenhänge, die Ihnen zuvor verschlossen waren.

Bei längeren Fingernägeln halten Sie die Fingerspitzen gegen die Tischkante, damit diese und nicht die Nägel eine Linie bilden. Sie können die Mudra auch nur mit einer Hand formen.

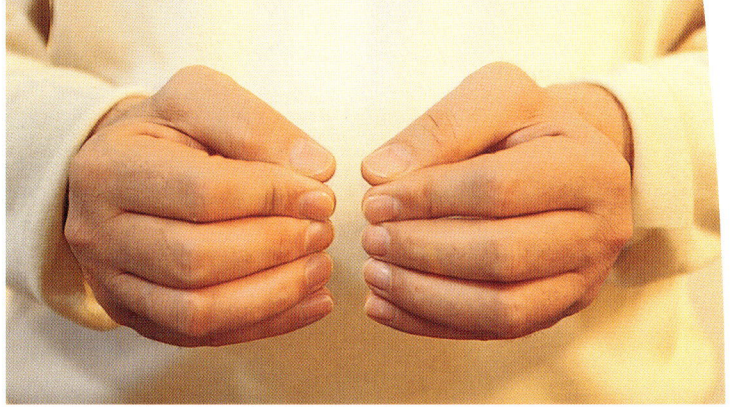

Die Perlenschnurmudra wirkt als Heilmudra bei unspezifischen körperlichen Befindlichkeiten, Erschöpfungszuständen und depressiven Verstimmungen.

15

Sieben-Stufen-Mudra –
ein Ticket für Gewinner

So formen Sie die Mudra: Verschränken Sie Ihre Finger nach innen zu den Handflächen. Öffnen Sie darauf die verschränkten Hände, sodass Sie in Ihre Handflächen blicken. Strecken Sie jetzt die ineinander verschränkten Finger. Die Zeigefinger richten Sie dabei auf, sodass sie sich an den Spitzen berühren. Ihre Daumen platzieren Sie zwischen die kleinen Finger und die Ringfinger; sie berühren sich gleichfalls mit den Spitzen. Halten Sie die Mudra in Augenhöhe vor sich.

Geschmeidige Finger verraten einen flexiblen Geist. Sanftes Dehnen und Strecken hält Ihre Finger beweglich. Auch diese Mudra lässt sich so leichter formen.

So stärkt Sie die Sieben-Stufen-Mudra
Diese Mudra formen Sie, wenn Sie ein Ziel vor Augen haben, das Sie unbedingt erreichen wollen. Mit ihr greifen Sie zielstrebig nach der Energie, die Sie hierfür benötigen. Sie ist gewissermaßen das Feldzeichen, das Sie vor sich her tragen. »Hier bin ich. Ich will, was ich will. Seht mich an!«, so lautet das Motto und die Kraft, die Sie mit der Sieben-Stufen-Mudra ansprechen. Ihr Wollen wird Ihr Wille, und die Möglichkeit, ihn durchzusetzen, wird Ihnen zum Wissen. Gleichzeitig öffnen Sie sich für Eingebungen, die Ihr Vorhaben voranbringen. Sie haben Ihre Antennen ausgefahren und erahnen schon vor der Zeit, was Sie hierbei stützt und was Ihnen hinderlich werden könnte. So handeln Sie vorausschauend und überlegt. Intuition und Logik sind folglich die Komponenten, die diese Mudra stärkt. Und so erreichen Sie mit schlafwandlerischer Sicherheit Ihr gesetztes Ziel.

Gut zu wissen

Stufenweise gegen Schmerzen
Die Sieben-Stufen-Mudra stärkt Ihr Rückgrat nicht nur in symbolischer Weise, sondern wirkt auch als Heilmudra bei Rückenschmerzen. Vor allem bei Schmerzen im Bereich des Kreuzbeines und der Lendenwirbel wirkt sie lindernd und kräftigend. Aber auch bei Problemen der Blase und des Mastdarmes sowie bei Menstruationsschmerzen vermitteln Sie sich mit dieser Mudra heilsame Impulse.

Mensamudra –
Ideen kommen auf den Tisch

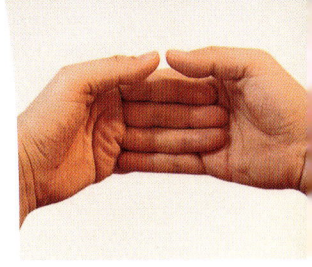

So formen Sie die Mudra: Formen Sie die Mensamudra in Nabelhöhe. Halten Sie dazu die gestreckten und im Grundgelenk abgeknickten Finger beider Hände aneinander. Die Finger der linken Hand bedecken die der rechten Hand. Lediglich die kleinen Finger werden gegengleich gehalten. Zwischen den gestreckten Daumen ist ein kleiner Abstand. Halten Sie die Mudra sechs Atemzüge lang und vertauschen Sie danach die Handpositionen noch einmal für weitere sechs Atemzüge.

Mit der Mensamudra regen Sie Ihre Weitsichtigkeit an. Sie erahnen künftige Schwierigkeiten bereits im Vorfeld und sind gewappnet.

So stärkt Sie die Mensamudra

Manchmal sitzen wir vor einer Aufgabe wie der Hase vor der Schlange und sind erschreckt von ihrer Mächtigkeit. Hier hilft die Mensamudra weiter. Mit ihr öffnen Sie sich für Eingebungen, die Ihnen einen oft unkonventionellen Weg weisen, ein Problem zu lösen. Es ist der Geistesblitz, den Sie mit ihr herbeirufen, und im gleichen Moment sehen Sie den Königsweg vor sich. Der Schrecken ist gebannt, und das Problem stellt sich mit einem Male ganz klar und vor allem überschaubar dar. Gerade in scheinbar ausweglosen Situationen kann Ihnen die Mensamudra gewaltig auf die Sprünge helfen. Mit ihr finden Sie das rettende Loch im Zaun, durch das Sie entschlüpfen können, um eine sich abzeichnende Niederlage doch noch in einen Sieg zu wenden.

 ## Worauf Sie achten sollten!

Kurz und anregend oder lang und entspannend

Wie mächtig die Mensamudra ist, merken Sie bereits, sobald Sie sie kurz halten. Sie verspüren eine ungewöhnliche Wachheit. Halten Sie indes die Mudra über eine längere Zeit, wenigstens fünf Minuten, schwindet diese Munterkeit und eine trancehafte Abwesenheit erfasst Sie. Formen Sie die Mudra für eine unmittelbar bevorstehende Aktivität, sollten Sie diesen meditativen Zustand vermeiden.

Kommunikation ist immer ein
Geben und Nehmen. Ohne Mit-
teilungsgabe, Sprachwitz, Selbst-
darstellung und die Gabe des
Zuhörens bleibt jede Kommunikation inhaltslos. Mudras machen
Ihnen Mut, sich für andere zu
öffnen. Sie lassen Sie in Ihr eigenes und in die Herzen anderer
blicken. So lernen Sie, von Herz
zu Herz zu sprechen, und verleihen Ihrer Kommunikation einen
ganz besonderen Zauber.

Kommunikation

auf die etwas andere Art

Fingerspiele, um die Zunge zu lösen

»Mit Händen und Füßen« zu reden ist keineswegs nur das Vorrecht der Südländer. Achten Sie einmal darauf: Wann immer wir uns eindringlich mitteilen wollen, sprechen unsere Hände mit. So unterstreichen wir nicht nur das, was wir sagen, sondern offenbaren über die Stimmlage hinaus auch unsere Gefühle. Sprache und Hände sind in unserem Gehirn eng miteinander verknüpft. So »begreifen« wir nicht nur durch Worte, sondern auch mit unseren Händen. Mit nachstehendem Fingerspiel sprechen Sie Herz und Verstand an.

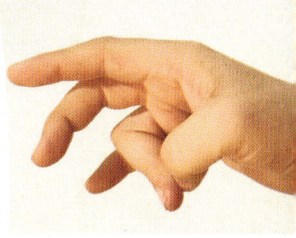

Mit diesem Fingerspiel vertreiben Sie Nervosität und gewinnen Selbstsicherheit. Es wirkt auch bei jeder Form körperlicher Überreizung sehr beruhigend.

Übung: Lassen Sie Ihr Herz mitsprechen

Führen Sie diese Übung synchron an beiden Händen durch. Sie besteht aus drei Folgen. Nach jeder Folge dehnen Sie Ihre Finger mit sanftem Druck. Danach halten Sie drei Atemzüge lang Ihre Fingerspitzen bei leicht gespreizten Fingern aneinander.

- In der ersten Folge drücken Sie reihum Ihre Fingerbeeren, so nennt man die Unterseiten der äußersten Fingerglieder, fest gegen den Nagel Ihres Daumens. Beginnen Sie mit dem Zeigefinger. Sobald Sie beim kleinen Finger angelangt sind, wiederholen Sie die Reihe, ausgehend vom kleinen Finger, in umgekehrter Richtung.
- Drücken Sie nun mit den Nägeln Ihrer vier Finger nacheinander in der gleichen Reihenfolge wie zuvor gegen die Innenseite des oberen Daumengliedes.
- In der dritten Folge drücken Sie Ihre Fingerbeeren diesmal reihum fest gegen die Daumenspitze.

Achten Sie bei allen drei Übungsschritten darauf, die Finger, die Sie gerade nicht gegen den Daumen drücken, möglichst gerade abzustrecken. Wiederholen Sie die gesamte Übung dreimal hintereinander.

Mit diesem Fingerspiel gewinnen Sie kommunikative Präsenz, das heißt Sie verstehen es, sich souverän darzustellen. Sie gewinnen an Ausstrahlung und zeigen Ihrem Gegenüber, dass Sie ehrlich auf ihn eingehen. Zugleich stimulieren Sie Ihre Sensibilität. Hierdurch werden Sie sich Ihrer Innerlichkeit bewusst. Sie wissen um die verborgenen Motive, die Sie leiten, und entwickeln ein feines Empfinden dafür, wie Sie in Ihrer Art, sich zu geben, wahrgenommen werden.

Kraftspendermudra –
verschaffen Sie sich festen Grund

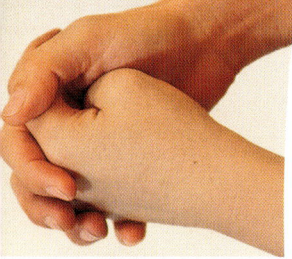

So formen Sie die Mudra: Spreizen Sie Ihre rechte Hand. Schieben Sie nun die vier Finger Ihrer linken Hand bis zur Beuge in die Fingerlücken und falten Sie sie auf den Handrücken. Den linken Daumen verstecken Sie zwischen Ihren Handflächen. Halten Sie die Mudra wenigstens sechs Atemzüge lang vor Ihrem Herzen.

So stärkt Sie die Kraftspendermudra

Halten Sie diese Mudra gegengleich, verbergen Sie also beide Daumen abwechselnd in Ihrer Handfläche, fließen heilende Kräfte in Ihre Hände.

Mit dieser Mudra rücken Sie Ihrem Herzen ein gutes Stückchen näher. Sie werden sich selbst und Ihren Gefühlen vertrauter. Hierdurch lernen Sie, sich und Ihre Reaktionen in der Auseinandersetzung mit anderen besser einzuschätzen. So bleiben Sie ruhig, auch wenn Sie Ihr Gegenüber in ungewöhnlicher Weise fordert oder zu beeinflussen versucht. Dementsprechend verstehen Sie es, sich solchen Konfrontationen zu entziehen und sie angemessen zurückzuweisen. Sie signalisieren unverkennbar Standhaftigkeit.

Achten Sie einmal bei einem Gespräch auf das Fingerspiel und die Handhaltungen Ihres Gegenübers. Es verrät Ihnen einiges über dessen augenblicklichen Gemütszustand.

Daneben bündeln Sie mit der Kraftspendermudra auch Ihre eigenen Kräfte und Talente in beinahe magischer Weise. Formen Sie die Mudra etwa vor einem Gespräch, nehmen Sie gleichsam auf intuitive Weise markante Wesenszüge Ihres späteren Gegenübers wahr. Hierbei verstärken Sie zugleich die ihm entsprechenden Wesensmerkmale in sich selbst. Reichen Sie darauf Ihrem Gegenüber Ihre Hand zum Gruß, übertragen Sie etwas von dieser aktivierten Kraft in seine Hand und vermitteln ihm damit ein lebhaftes Gefühl von Seelenverwandtschaft. Es wird also fürwahr ein herzlicher Händedruck werden, den Sie mit ihm austauschen. So hinterlassen Sie einen bleibenden Eindruck.

Letztlich schenkt Ihnen die Mudra neben einer guten Portion Standvermögen auch die Kraft, Ihre eigenen Belange in unaufdringlicher Weise durchzusetzen. Durch die durch Ihre Verbindlichkeit ausgelöste Gewogenheit Ihres Kontrahenten wird es Ihnen leicht fallen, den Austausch in Ihrem Sinne zu lenken und somit die Oberhand zu bewahren. Eine Überlegenheit, die man Ihrer Kompetenz zurechnen wird.

Die Konzentrationsmudra
lässt Sie aufhorchen

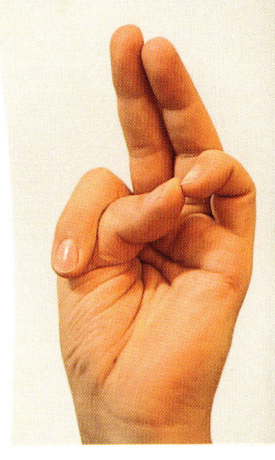

So formen Sie die Mudra: Legen Sie Ihre Daumenspitze auf den Nagel Ihres kleinen Fingers. Knicken Sie den Zeigefinger nach unten zur Daumenwurzel. Ring- und Mittelfinger bleiben gestreckt. Halten Sie diese Mudra wenigstens drei Minuten.

So stärkt Sie die Konzentrationsmudra

Diese Mudra unterstützt Sie, wann immer Sie Ihren Blick und Ihre Aufmerksamkeit auf eine bestimmte Sache richten müssen. Störende Einflüsse und Ablenkungen werden ausgeblendet. Es fällt Ihnen leichter, sich auf Ihr Gegenüber einzustellen und ihm zu folgen. Hierbei erhöhen sich Ihre Aufmerksamkeit und Ihr Reaktionsvermögen, sodass Sie Angriffe abwehren können. Gleichermaßen gewinnt Ihr Begriffsvermögen an Schärfe, und Ihre Erwiderungen erhalten dementsprechend Prägnanz.

Durch Ihre gesteigerte Auffassungsgabe lauschen Sie in eigener Weise den Worten Ihrer Mitwelt. Dabei hören Sie, was hinter den Worten steht und was ungesagt bleibt. Hierdurch wächst Ihnen eine nicht zu unterschätzende kommunikative Kompetenz zu: Sie erlangen die Macht, andere bloßzustellen. Denn Sie blicken hinter die Masken der Personen und erkennen deren heimliche Beweggründe. Mit diesem Blick stärken Sie freilich nicht immer nur Ihre Selbstsicherheit, sondern erhalten teils auch bestürzende Einsichten.

Wann immer eine wichtige Angelegenheit Ihre volle Konzentration erfordert, formen Sie diese Mudra.

 Expertentipp

Von Buddha abgeschaut

Als Konzentrationsmudra wird häufig die Lehrgeste Buddhas empfohlen. Bei dieser Geste formen Daumen und Zeigefinger ein Rund, die anderen Finger sind leicht gestreckt. Diese Mudra stärkt zwar auch die Konzentration, weit deutlicher zielt ihr Impuls jedoch auf eine Festigung der Redekunst und der Überredung. Wollen Sie also andere Ihren Ansichten geneigt machen, sollten Sie die Lehrgeste für wenigstens fünf Minuten beidhändig formen.

Die Apollomudra
sorgt für ein sonniges Gemüt

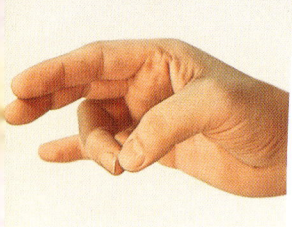

So formen Sie die Mudra: Halten Sie dieses Siegel über zwölf Atemzüge mit Ihrer rechten Hand. Führen Sie den Daumen gegen die Ringfingerspitze, die anderen Finger sind gestreckt.

So stärkt Sie die Apollomudra

Ihren Namen hat diese Mudra nach dem Ringfinger, der in der Handlesekunst »Apollofinger« genannt wird und für unsere Weltoffenheit steht. Allerdings fußt diese durch die Mudra bewegte Aufgeschlossenheit auf einem inneren Impuls. Er äußert sich in einem gestärkten Selbstvertrauen, durch das Sie wieder Boden unter den Füßen bekommen. So gründend, verlieren Sie Ihre Furcht vor der Angst, ohne dabei berechtigte Angst zu verdrängen, was Sie wiederum vor Übermut bewahrt. Sie sind wachsam, gefestigt und dennoch gelöst. Gleichzeitig regen sich Ihr Geist und Ihr Einfallsreichtum, wodurch Sie für Überraschungen gut werden. Aufkeimendes Erstaunen über Ihre Sprunghaftigkeit kontern Sie dabei mit besonderem Sprachwitz.

Schweigsamer werden Sie, wenn Sie die Apollomudra mit der linken Hand formen. Dann kehren sich die angesprochenen Eigenschaften nach innen, und Sie wandeln sich zu einem gewitzten Beobachter abseits des Geschehens. Halten Sie hingegen die Mudra mit beiden Händen, heben Sie diesen Effekt wieder auf und bündeln deren Kraft zu einem gesteigerten Selbstvertrauen.

Schmerzen in den Beinen werden durch diese Mudra erträglicher. Bei längeren Wanderungen ist sie ein wahrer Muntermacher. Halten Sie sie öfters, werden Ihre Füße nicht so rasch müde.

 ## Expertentipp

Für noch mehr Unbefangenheit

Sie steigern Ihre Kontaktfähigkeit und nehmen sich die anfängliche Scheu vor neuen Begegnungen, sobald Sie mit Ihrer linken Hand eine zusätzliche Mudra formen. Führen Sie hierzu den Daumen gegen die Spitze des kleinen Fingers und strecken Sie die anderen Finger. Der durch diese ergänzende Mudra gesetzte Impuls verleiht Ihnen Unbefangenheit und schenkt Ihnen ein sonniges Gemüt.

Die Sonne-Mond-Mudra
rückt Sie ins rechte Licht

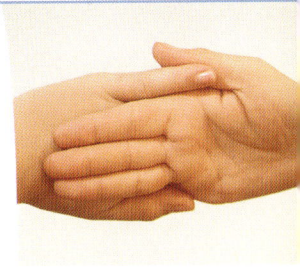

So formen Sie die Mudra: Halten Sie die geöffneten Hände mit den Handrücken aneinander. Die rechte Handfläche zeigt zu Ihrem Körper. Der kleine Finger der linken Hand ruht auf dem rechten Daumen, der linke Daumen bedeckt den kleinen Finger der rechten Hand. Halten Sie die Mudra wenigstens sechs Atemzüge lang in Augenhöhe.

So stärkt Sie die Sonne-Mond-Mudra

Streit gehabt? Oder gilt es, Unstimmigkeiten aus der Welt zu schaffen? Dann ist diese Mudra die richtige Vorbereitung dazu. Mit ihr signalisieren Sie Ihre Bereitschaft zu ehrlicher Auseinandersetzung. Wobei Sie Ihrem Gegenüber durch Ihr Entgegenkommen die Gelegenheit eröffnen, seinen Standpunkt ohne Gesichtsverlust zu verändern. »Begegne mir, um deinem Licht zu begegnen«, mit dieser Einstellung gehen Sie auf ihn zu. Gleichzeitig aber zeigen Sie auch, wie sehr Sie im Fall einer Ablehnung über den Dingen stehen werden. Hier lautet das Motto der Sonne-Mond-Mudra: »Wie du in den Wald rufst, so schallt es dir zurück. Doch meine Stimme ist der Wind, der den bösen Ton verweht.«

Die Mudra hilft Ihnen, sich von Äußerlichkeiten und Vorurteilen zu befreien, sodass Sie Ihre Umwelt mit kindlicher Neugier betrachten und sich für neue Eindrücke öffnen können. Alte, erdrückende Muster lassen sich so leicht über Bord werfen. Ein Neuanfang wird möglich. Dennoch bleiben Sie Herr der Lage und behalten die Zügel in Ihrer Hand. Und obgleich Sie auch weiterhin Ihre Gefühle offen zutage tragen, lassen Sie sich nicht von Ihren Stimmungen überwältigen.

Meditation zur Begleitung der Mudra

Sprechen Sie zu sich, während Sie die Mudra halten: »Du sprichst, ich höre. Ich spreche und höre; höre auf meine und deine Gefühle. Du hörst mich, du siehst mich, ich verstehe dich. Du willst mich verstehen. Du öffnest dein Herz. Ich schenke dir meine Aufmerksamkeit. Du bedankst dich dafür mit deiner Aufmerksamkeit. Wir erkennen uns in tiefer Weise. Ich danke dir.«

Die Redekraft stärken, die Gabe des Zuhörens schärfen und die Kunst, auf Zwischentöne zu lauschen – hierzu vermittelt diese Mudra die rechten Impulse.

Wollen Sie jemandem etwas Gutes tun, so drücken Sie ihm für eine Weile wirklich die Daumen. Daumendrücken ist nämlich in der Tat eine Mudra, mit der sich positive Kraft übertragen lässt.

Pik-Ass – die Mudra mit dem Bluff

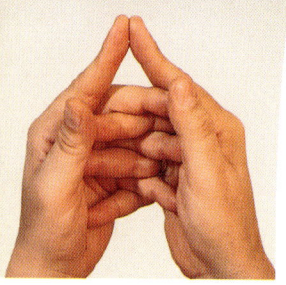

Andere von Ihren eigenen Ideen überzeugen – das schaffen Sie mit dieser Mudra.

So formen Sie die Mudra: Verschränken Sie Ihre Finger nach innen zu den Handflächen. Öffnen Sie darauf Ihre Hände so weit, dass sich die nach oben gestreckten Zeigefinger mit den Spitzen berühren. Die übrigen Finger strecken Sie leicht in die Waagrechte. Die Ringfingerspitzen sollten danach in den Daumenbeugen ruhen. Bedecken Sie dann mit Daumen und Daumenballen die Fingerspitzen. Halten Sie die Mudra über zwölf Atemzüge in Magenhöhe.

So stärkt Sie die Pik-Ass-Mudra

Wer kennt sie nicht, die Schmeichler, die zu allem »Ja und Amen« sagen und sich dabei mit jedem Ja ein Hintertürchen öffnen, durch das sie wieder entwischen. Sie wickeln uns um den Finger und geben uns dabei noch das Gefühl, wir wären es, die die Fäden in der Hand halten. Mit dieser Mudra regen Sie diese smarte Eigenschaft auch in sich selbst an. Verfolgen Sie also eine Absicht, bei der Sie auf Taktik und diplomatisches Geschick angewiesen sein werden, weil auf geradem Wege wenig zu erreichen ist, dann sollten Sie sich an diese Mudra erinnern.

Die Pik-Ass-Mudra gibt Ihnen die Kraft, sich mit Ihren Zielen zu identifizieren. Sie werden sich Ihres Wollens durch und durch bewusst. Dies erlaubt Ihnen, Ihre wahren Absichten zu verschleiern, ohne sie dabei aus den Augen zu verlieren.

Gut zu wissen

Aus ehrlicher Überzeugung

Von sich und seinen Zielen selbst überzeugt zu sein, ist eine positive Eigenschaft, um sich durchzusetzen. Andererseits stößt eine offensiv vorgetragene Selbstüberzeugung vielfach ab. Man wirkt blasiert und aufdringlich. Bezeugen Sie hingegen Ihrem Gegenüber Respekt vor seiner Meinung, wird er Ihre Stärke nicht als Beeinträchtigung empfinden. Nur wer wirklich von sich selbst überzeugt ist, muss andere nicht von sich überzeugen!

Die drei Erhabenen dienen Ihrer Sache

So formen Sie die Mudra: Halten Sie Ihren Zeige- und Ringfinger aneinander und legen Sie den Mittelfinger darüber. Achten Sie aber auf jeden Fall darauf, dass sich die Fingerspitzen nicht überkragen. Führen Sie nun Ihren Daumen und den kleinen Finger mit den Spitzen zusammen. Halten Sie die Mudra wenigstens sechs Atemzüge lang beidhändig.

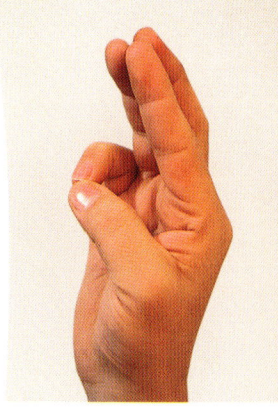

Diese Mudra stärkt unser Mitgefühl und lässt uns dennoch wir selbst bleiben.

So stärken Sie die drei Erhabenen

Sie wollen sich zeigen, unter Leute gehen und sich dabei den schönen Dingen des Lebens widmen? Sie streben nach Anerkennung durch Ihre Umgebung? Sie wollen sich in den von Ihnen erwählten Kreis einfügen und lebhaften Anteil an ihm haben? Dann sind die drei Erhabenen die Mudra der Wahl für Sie. Denn Geselligkeit und Unternehmungslust, verknüpft mit einer gewinnenden Ausstrahlung, das sind die angenehmen Temperamente, die Sie mit dieser Mudra anregen.

Obendrein verbinden Sie durch die Mudra der drei Erhabenen Ihr selbstbewusstes Wollen und Ihr Verlangen nach kreativem Austausch. Zugleich passen Sie dieses nach außen gerichtete Trachten in Ihnen angenehmer Weise an Ihre Möglichkeiten und die äußeren Bedingungen an. Dafür treten Sie in sich einen Schritt zurück und beobachten sich aus höherer Warte. Sie führen sich selbst am Faden, kontrollieren und korrigieren Ihre Äußerungen und Absichten. Das gemeinsame Ziel und die allgemeine Übereinkunft erhalten somit Vorrang vor Ihren persönlichen Wünschen. Mit Hilfe der Mudra können Sie diese Prinzipien mittragen, ohne sich selbst eingeschränkt zu fühlen.

Außerdem stärkt diese Mudra unser Mitgefühl. Das gemeinsame Wohl wird folglich auch als eigenes Wohl verstanden. Entsprechend offen werden Sie für Notwendigkeiten, die über Ihren kleinen Zirkel hinausreichen. Gleichwohl verlieren Sie sich hierbei nicht in Selbstlosigkeit. Trotz allem Füreinander verkennen Sie auch nicht den Eigennutz solidarischen Wirkens und verstehen es, diesen Nutzen für sich in akzeptabler Form zu verfolgen. So bleiben Sie ein erkennbarer Teil des Ganzen.

Schöpfen Sie Ihre persönliche Mudra. Stimmen Sie sich auf sich ein und legen Sie Ihre Hände zusammen. Lassen Sie die sich anbahnende Bewegung zu, formt sich wie von selbst die passende Mudra.

25

Die Ableitungsmudra –
ein Bad für die Seele

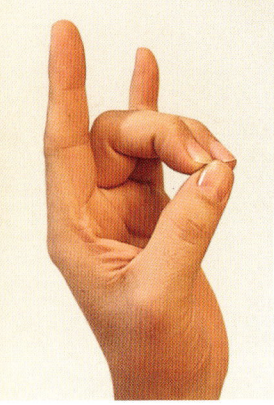

Halten Sie die Ablei-
tungsmudra gemein-
sam mit der Energie-
mudra (siehe Seite 12).
So werfen Sie Ballast
ab, tanken frische Kraft
und öffnen sich neuen
Eindrücke.

So formen Sie die Mudra: Richten Sie die Fingerspitzen von Ring-
und Mittelfinger gemeinsam gegen die Daumenspitze. Halten Sie die
Mudra für etwa fünf Minuten mit der linken Hand.

So stärkt Sie die Ableitungsmudra

Manchmal gibt es Tage, an denen wir jedes Wort auf die Goldwaage
legen. Dann genügt oft bereits ein zu müder Händedruck, damit uns
die berühmte Laus über die Leber läuft. Andererseits können wir es
uns nicht immer leisten, unseren Unmut zu zeigen. Doch anstatt den
Groll herunterzuschlucken und sich damit das Leben schwer zu
machen, formen Sie die Ableitungsmudra. Sie verschafft Ihnen wieder Luft, löst Ihre Verstimmung und lässt Sie gleichmütig werden
gegenüber den kleinen Unbilden des Alltages. Ihr Fell wird ein wenig
dicker. Jedoch werden Sie deshalb nicht dickfellig werden, sondern
bewahren sich Ihre Sensibilität. In der Verfolgung Ihrer Ziele wächst
Ihnen Hartnäckigkeit zu. Hierdurch unbeirrt, nehmen Sie mögliche
Rückschläge als schicksalhafte Unterbrechungen auf Ihrem Weg hin,
anstatt darüber zu hadern. Auch nach unangenehmen Begegnungen
richtet Sie die Ableitungsmudra wieder auf.

Mit der rechten Hand geformt, begünstigt die Mudra eine innere
Klärung. Sie geben Ihre negativen Gedanken und Empfindungen auf
und finden zurück zu innerer Ordnung und Ausgeglichenheit.

 **Gut zu wissen**

Schnell wieder zu Kräften kommen

Die Ableitungsmudra gilt auch als Heilmudra. Sie hilft Ihnen, sobald Sie von
einer Krankheit genesen, auf dem Weg der Besserung. Mit ihr schwemmen
Sie verbliebene Schlacken aus, weshalb sie auch beim Fasten unterstützend
geformt werden sollte. Zudem wirkt sie lindernd bei Blasenschwäche und
menstruell bedingten Stimmungsschwankungen.

Tarnkappenmudra –
gönnen Sie sich eine Auszeit

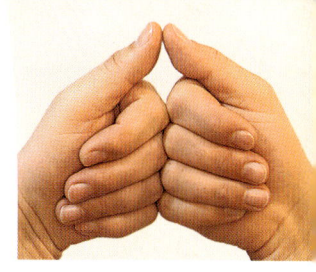

So formen Sie die Mudra: Legen Sie die Finger auf die Handballen und strecken Sie die Daumen ab. Halten Sie die so geformten Fäuste an den unteren Fingergliedern gegeneinander und führen Sie die Daumenspitzen zusammen. Halten Sie die Mudra mit dem Daumen voraus solange in Nabelhöhe, bis Sie sich wieder wohl fühlen.

So stärkt Sie die Tarnkappenmudra

Mit dieser Mudra formen Sie sinnbildlich zwei keimende Lotos, die sich aus dem Sumpf unberührt von jedem Schmutz zu strahlender Blüte recken werden. In gleicher Weise entziehen Sie sich mit der Tarnkappenmudra auch allen Schlechtigkeiten. Hierbei stehen Sie nicht über den Dingen, sondern sind vor seelischen Verletzungen gefeit, indem es Ihnen gelingt, Distanz zwischen sich und Ihrer Umwelt zu schaffen. Sie sehen, was wo geschieht und warum es so geschieht, ohne dass Sie davon in besonderer Weise berührt werden. Hierdurch kehren sich Angriffe gegen Sie wie von selbst gegen Ihre Angreifer – diese schlagen sich mit ihren eigenen Waffen.

Die abgrenzende Wirkung dieser Mudra hilft Ihnen auch, sich in brenzligen Situationen unbemerkt zurückzunehmen. Es ist, als würden Sie sich eine Tarnkappe überziehen. Sie stehlen sich Ihrer Mitwelt aus dem Sinn. Folglich übersieht man Sie, auch wenn Sie sich noch mitten im Getümmel befinden.

So verschaffen Sie sich einen Moment innerer Ruhe. Sie können wieder durchatmen, was Sie auch durchaus wörtlich nehmen dürfen. Schließlich stärkt diese Mudra auch die Atmungsorgane, weshalb sie auch bei Heiserkeit und Husten angebracht ist.

Meditation zur Begleitung der Mudra

Sprechen Sie zu sich, während Sie die Mudra halten: »Ich bin bei mir. Ich fühle mich warm und geborgen. Eine gute Kraft fließt mir zu. Sie sammelt sich in meinem Herzen. Jetzt ist die Zeit, zu mir zu kommen. Die Wunden schließen und die Narben glätten sich. Wohin es auch geht, in mir ist Schönheit.«

Mit dieser Mudra können Sie in hektischen Momenten einfach »untertauchen«.

Heben Sie beim Sprechen den kleinen Finger statt dem Zeigefinger, verleihen Sie Ihrer Rede einen herzlichen Nachdruck.

Wahre Schönheit kommt immer von innen. Wer sich selbst liebt und ja zu sich sagen kann, strahlt diese positive Einstellung auch nach außen aus und wirkt dadurch auf andere Menschen schön. Durch die Mudras in diesem Kapitel schmücken Sie Ihre Seele. Und dieses neue Wohlbefinden, das Sie dadurch erreichen, wird man Ihnen an Ihrem Gesicht ablesen können.

Schönheit ist,

wenn die innere Sonne lacht

Fingerspiele – **Schmetterlinge für die Seele**

Gewiss, eine schöne Hand ist immer auch eine gepflegte Hand. Gepflegte Hände sind daher stets auch Zeichen äußerer Anmut. Doch unsere Hände sind ebenso ein Spiegelbild der Seele. Und so verrät unsere Gestik auch immer etwas über unser Selbstempfinden. Und geschmeidige Hände lassen die Gestik demnach noch ausdrucksvoller und dezenter erscheinen. Mit den hier vorgestellten Fingerspielen bewahren Sie sich diese Geschmeidigkeit und verleihen Ihren Gesten zusätzlichen Liebreiz.

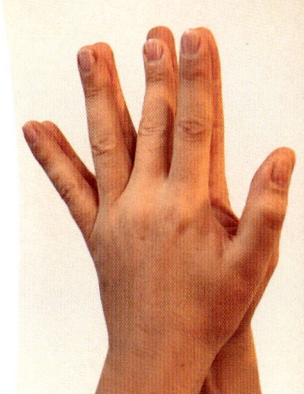

Eine Übung für beschwingte Hände

Wärmen Sie zur Vorbereitung Ihre Hände an. Reiben Sie sie dazu wie beim Händewaschen. Zwischendurch falten Sie sie kurz wie zum Gebet und bewegen dabei die Finger. Reiben Sie sich abschließend die Handgelenke warm.

Dieses Fingerspiel verbessert Ihre Atmung. Bei Schnupfen hält es die Nase länger frei. Zudem unterstützt es Maßnahmen gegen Hautunreinheiten.

- Legen Sie nun die flachen Hände aneinander. Bewegen Sie die Zeigefinger mit schnellen Schlägen je sechsmal in jeder Richtung aneinander vorbei. Die Fingerspitzen sollten dabei jeweils das Grundgelenk des anderen Fingers kurz berühren. Die anderen Finger bewegen sich nicht. Wiederholen Sie diese Bewegungen der Reihe nach mit jedem Finger. Nach dem kleinen Finger verschränken Sie in gleicher Weise die Daumen miteinander.
- Die flachen Hände liegen aneinander und Sie drücken mit dem rechten Zeigefinger den linken nach hinten. Hierauf antwortet der linke Zeigefinger in gleicher Weise. Wiederholen Sie die Bewegung sechsmal. Die anderen Finger sollten sich dabei möglichst wenig mitbewegen. Setzen Sie die Übung der Reihe nach mit jedem Finger fort und beenden Sie sie mit den Daumen.
- Zum Abschluss eines Durchgangs wiederholen Sie das »Fingerflattern« des ersten Übungsschrittes. Allerdings führen Sie jetzt die Finger nur noch einmal links und rechts der Reihe nach aneinander vorbei. Wiederholen Sie diesen Schritt ebenfalls sechsmal.

Führen Sie die Übungsschritte dreimal hintereinander aus. Hierdurch vermitteln Sie sich auch Impulse, die Ihren Geist erfrischen und Ihrem Körper seine Spannkraft wiedergeben.

Die Yin-Yang-Mudra –
ein Lied für Ihre Seele

Ruhig gehalten, stiftet diese Mudra einen gesunden Schlaf, fördert eine geregelte Verdauung und stützt die Wirbelsäule.

Lassen Sie Ihre Hände tanzen. Bewegen Sie sie zu Musik. Ihre Gestik wird hierdurch harmonischer und schmeichelt dem Schönheitssinn.

So formen Sie die Mudra: Halten Sie die Daumenspitzen zusammen und kreuzen Sie den linken Zeigefinger über den rechten. Kreuzen Sie darauf über den Zeigefingern den linken Mittelfinger über den rechten Mittelfinger. Legen Sie nun die Ringfinger an die gekreuzten Mittelfingerspitzen. Zum Abschluss führen Sie Ihre kleinen Finger gegen die gekreuzten Zeigefingerspitzen. Halten Sie die Mudra für je zwölf Atemzüge auf drei Ebenen – einmal in Herzhöhe, dann in Augenhöhe und schließlich über den Kopf. Die Handflächen zeigen dabei nach außen.

So stärkt Sie die Yin-Yang-Mudra

Durch die auf verschiedenen Ebenen miteinander verschränkten Finger gelangen Ihre Seelenkräfte auf einer höheren Ebene zum Ausgleich. Es stellt sich ein Gefühl des Angenommenseins und des Behütetseins ein. Hierdurch bewirken Sie eine anhaltende Harmonisierung Ihrer Stimmungslage. Sie empfinden sich mit sich und der Welt im Reinen.

Gleichzeitig stärkt die Yin-Yang-Mudra Ihre innere Achse, das bedeutet, der Fluss Ihrer körperlichen und seelischen Energien gelangt zum Ausgleich, neben seelischem Wohlbefinden stellt sich auch ein körperliches Wohlbefinden ein. Sie richten sich mit ehrlichem Stolz auf und blicken erhobenen Hauptes anderen offen in die Augen. Ihr Blick strahlt Selbstbewusstsein und Kraft aus. Man spürt, dass in Ihnen eine gute Energie wirkt und sucht unbewusst Ihre Nähe.

Gehen Sie mit dieser neu geschöpften Kraft verschwenderisch um. Denn je mehr Sie andere an ihr teilhaben lassen, desto mächtiger fließt Sie Ihnen wieder zu. Hierfür müssen Sie nicht viel dazutun, es genügt, dass Sie da sind und sich nicht verschließen. So fachen Sie ein Feuer an, das Herz und Verstand ergreift und Gegensätze überwindet. Klarheit und Beherztheit sind dabei die Tugenden, die Sie auszeichnen. So werden Sie sich selbst zum Helden, der für Sie in die Bresche springt und dem man in der Not von allen Seiten gerne tatkräftig beisteht.

Muschelmudra –
polieren Sie Ihren Stern auf

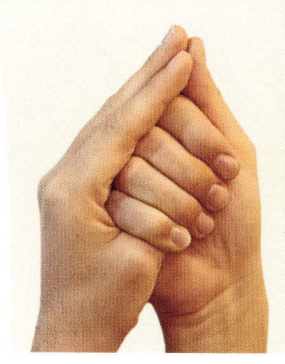

So formen Sie die Mudra: Umschließen Sie den linken Daumen mit Ihrer rechten Hand. Legen Sie die Finger der linken Hand so an, dass Zeige-, Mittel- und Ringfinger den rechten Daumen berühren. Halten Sie die Mudra wenigstens fünf Minuten in Brusthöhe.

So stärkt Sie die Muschelmudra

Muscheln offenbaren uns ihre innerste Schönheit – die Perle – erst, wenn sie geöffnet sind. Ebenso verhalten wirkt auch die Muschelmudra. Mit ihr polieren Sie leise Ihre Seele auf, ihr Strahlen wird Ihre Augen leuchten lassen und Ihnen eine angenehme Aura verleihen.

Lauschen Sie, sobald Sie die Mudra formen, auf Ihre innere Stimme. Stellen Sie sich dabei einen Ton vor, der Sie umfasst und mit dem Sie schwingen. Aus diesem Ton wird eine Melodie werden, die in Ihnen lange nachklingen wird. Wann immer Sie sich unsicher oder unwohl fühlen, erinnern Sie sich an diese Melodie, und Sie werden zu Ihrer inneren Stärke zurückfinden. Halten Sie dazu die Mudra, werden Sie in sich eine Heimat finden. Es ist eine besondere Art, sich selbst anzunehmen. Sie kuscheln sich in sich selbst, strecken und dehnen sich in Ihrem Körper wie eine Katze und sind rundum mit sich zufrieden. Durch diese Selbstzufriedenheit werden Sie auch nach außen stark. In Ihnen erwächst Ihrem Gegenüber ein starker Partner. Sie haben Kraft. Kraft, Freundschaften einzugehen und sie zu halten und zu pflegen, auch wenn Ihnen mal der Wind ins Gesicht bläst.

Lassen Sie – während Sie die Mudra formen – Ihrem Atem seinen Lauf, wird er von selbst gleichmäßig und tief. Die Energien können ungehindert fließen.

Expertentipp

Verleihen Sie Ihrer Stimme Nachdruck

Als Heilmudra sendet die Muschelmudra heilsame Impulse an Hals und Stimme. Machen Sie sich diesen Effekt zu Nutze, formen Sie die Mudra in Nabelhöhe und singen Sie dazu. Hierdurch verleihen Sie Ihrer Stimme Wohlklang sowohl nach außen wie nach innen.

Schwanenkussmudra –
dem Blick Tiefe verleihen

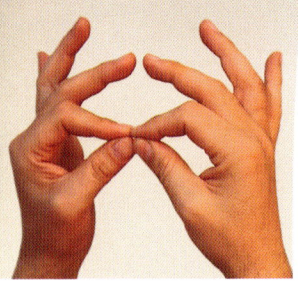

Mit dieser Mudra verleihen Sie Ihren Augen einen ganz besonderen Glanz.

So formen Sie die Mudra: Halten Sie über zwölf Atemzüge die zusammengehaltenen Daumen- und Zeigefingerspitzen in Halshöhe aneinander. Die anderen Finger strecken Sie ab, wobei die Mittelfinger einander auf kurze Distanz zugeneigt sind.

So stärkt Sie die Schwanenkussmudra

Unsere Augen sind die Fenster unserer Seele. Fühlen wir uns wohl und sind ganz bei uns, erhalten unsere Augen Glanz und der Blick zauberhafte Tiefe. Es ist die Anmut Ihres Herzens, die diese Magie bewirkt. Denn in Ihrem Blick liegt eine seltene Offenheit. Man sieht Ihnen Ihre innere Heiterkeit an und lässt sich von ihr gerne anstecken. Solche verführerischen Augen lassen Herzen entflammen. Mit der Schwanenkussmudra wecken Sie die Energie, die solchen Liebreiz auslöst. Voraussetzung ist allerdings, dass Sie auch bereit sind, sich in Ihr Herz blicken zu lassen.

Neben diesem betörenden Effekt lenkt die Mudra aber auch Ihre Aufmerksamkeit nach innen. So wird es Ihnen möglich, sich ganz und gar auf Ihr Gefühlsleben zu konzentrieren. Hierdurch erkunden Sie mit ungewohnter Schärfe, wohin Ihr Herz sich neigt und in welche Richtung es Schatten wirft. Sie sehen klar, wem Sie sich zuwenden dürfen und wem nicht. Haben Sie sich einmal in dieser Weise erkannt, dürfen Sie Ihre Gefühle auch ohne Scheu nach außen tragen.

Expertentipp

Durchblick erwünscht?

Dann halten Sie sich die Schwanenkussmudra vor die Augen. Blicken Sie für eine Weile wie durch eine Brille durch die zusammengehaltenen Finger hindurch. So sprechen Sie Ihren sechsten Sinn direkt an. Bedenken Sie dabei ein Problem und Sie sehen oft schon, während Sie die Mudra halten, den Königsweg zu seiner Lösung.

Schwingenmudra –
der eigenen Sinnlichkeit nachspüren

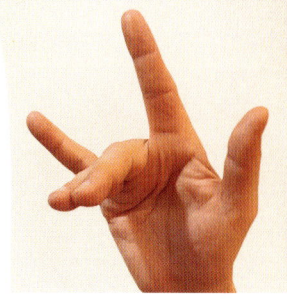

So formen Sie die Mudra: Formen Sie die Mudra an beiden Händen bei leicht ausgebreiteten Armen. Spreizen Sie die gestreckten Finger, halten Sie aber Ring- und Mittelfinger zusammen. Senken und heben Sie mit Gefühl diese beiden Finger zwölfmal hintereinander. Die anderen Finger sollten sich dabei kaum bewegen.

So stärkt Sie die Schwingenmudra
Schenken Sie sich einen wunderbaren Tag, an dem Sie allein auf die schönen Dinge des Lebens achten. Räkeln und strecken Sie sich, sobald Sie morgens aufwachen und formen Sie dabei diese Mudra. Sie setzen damit einen starken positiven Impuls. Mit der Schwingenmudra sensibilisieren Sie nämlich Ihre Empfindungskraft. Sie öffnen sich vor allem für Ihnen angenehme Reize und Eindrücke. So eingestimmt, sind Sie auch bereit, Ihre Gefühle nach außen zu tragen. Hierdurch zeigen Sie sich ungewöhnlich warmherzig, und entsprechend herzlich wird man auch auf Sie zugehen.

Gleichzeitig stärkt die Mudra Ihre Sinnlichkeit. Sie fühlen sich in Ihrem Körper wohl und haben Freude an Ihrem Dasein. Sie haben Lust an der Lust. Es ist eine himmlische Freude, die Sie stärkt, und pure Lebenslust, die Sie umschmeichelt.

Sie suchen eine Idee? Nutzen Sie den Sinnenreiz dieser Mudra und greifen Sie mit ihr danach. Ihre Sinne werden offen für ungewöhnliche Einfälle.

 Expertentipp

Wohlbefinden rundherum
Mudras, mit denen Sie innere Schönheit ansprechen, sind »Wohlfühlmudras«. Sie vermitteln Körper und Geist Impulse, die unser Gefühlsempfinden verfeinern. Formen Sie daher die Mudras in einer Ihnen angenehmen Atmosphäre. Bereiten Sie sich mit Bädern, Düften, Kerzenschein und Musik darauf vor. Nehmen Sie sich Zeit und wiederholen Sie die ausgewählte Mudra mehrmals. Lassen Sie sich dabei auf die aufsteigenden Bilder ein, spielen Sie mit ihnen und geben Sie ihnen zum Abschluss eine Richtung.

Die Lebensbaummudra –
Nahrung für Ihre sechs Sinne

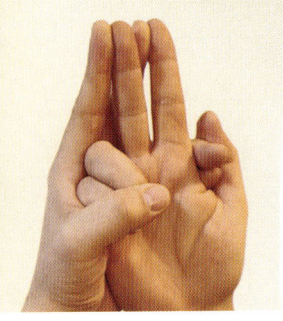

So formen Sie die Mudra: Knicken Sie den kleinen Finger und Ring-finger der rechten Hand ab. Legen Sie den linken Daumen über bei-de Finger und umfassen Sie mit Ihrer Linken den Handrücken der Rechten. Die Spitzen von kleinem Finger und Ringfinger der linken Hand ruhen in der rechten Daumenbeuge und werden vom Daumen gehalten. Hierauf legen Sie den linken Zeigefinger an den rechten Mittelfinger und den rechten Zeigefinger an den linken Mittelfinger. Halten Sie die Mudra fünf Minuten in Brusthöhe.

Zu gewohnter Größe und Stärke zurückfin-den, das gelingt Ihnen mit dieser Mudra.

So stärkt Sie die Lebensbaummudra

Fühlen Sie sich manchmal schwach und kleinmütig? Oder haben Sie das Gefühl, an einem Abgrund zu stehen? Dann richten Sie sich mit der Lebensbaummudra wieder auf. Formen Sie die Mudra, und Sie bekommen wieder Boden unter die Füße, und Ihr Ich findet zu seinem Kern zurück. So in sich gefestigt, sind Sie imstande, sich von über-holten Vorstellungen und bedrückenden Gedanken zu lösen. Wie ein Baum im Herbst werfen Sie das alte Kleid ab. Lassen Sie den Wind durch das Geäst Ihrer Seele wehen und bilden Sie neue Knospen für eine aufgehellte Psyche, die in einen seelischen Frühling hinein-erblühen wird.

So unversehens Maiengefühlen ausgesetzt, erwachen Ihre Sinne wieder, und Sie sehen so manches Alte, mit gänzlich neuem Blick. Mit diesem Blick dürfen Sie darauf aufs Neue wählen, an was Sie sich binden wollen. Hierbei leitet Sie Ihr sechster Sinn, der durch die Mudra ganz besonders angesprochen wird.

So stärken Sie Ihr Ich auf die Schnelle: Verhaken Sie Ihre kleinen Finger fest ineinander und zie-hen Sie dreimal kräftig.

Meditation zur Begleitung der Mudra

Sprechen Sie zu sich, während Sie die Mudra halten: »Ich gründe in mir in guter Erde. So wachse ich der Welt entgegen, biege mich im Wind und recke mich dem Himmel zu. Mein Tun ist gut. Ich bin schön und werde gesehen. In meinem Schatten darf man ruhen, von mei-nen Früchten darf man naschen. Ich bin Feuer und Luft von Wasser und Erde.«

Die Blütenmudra –
eine Krone, die Sie adelt

So formen Sie die Mudra: Halten Sie beide Hände wie einen Kelch mit den Handballen zusammen. Daumen und kleine Finger liegen aneinander, die anderen Finger sind abgespreizt. Halten Sie die Mudra wenigstens zwölf Atemzüge lang eine Handspanne hoch über Ihren Kopf.

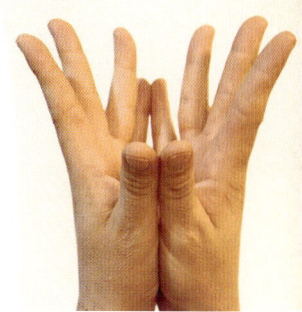

So stärkt Sie die Blütenmudra

Liebe ich mich? Stellen Sie sich diese Frage, sobald Sie die Blütenmudra formen. Denn mit ihr beginnt Ihr Herz für Sie zu schlagen. Und Sie werden sagen können: Ja, ich liebe mich. Doch keine Bange, es ist keine eitle Eigenliebe, die Sie da erfasst. Vielmehr ist es ein Wonnegefühl darüber, wie Sie sich selbst annehmen. So dürfen Sie zu sich sagen: Ich bin, weil Gott es will. Und weil er es will, ist es schön.

Sich selbst zu akzeptieren, wie Sie sind, das lehrt Sie diese Mudra.

Bewahren Sie sich dieses Gefühl. Es ist, als würden Sie sich den Kelch Ihres Lebens mit reiner Liebe füllen. Spüren Sie der Kraft nach, die durch Ihre Hände strömt, die Ihren Scheitel berührt und Ihren Körper erfasst, als stünden Sie unter Strom. Strecken Sie ihr Ihre Seele entgegen. Lassen Sie sich von ihr davontragen und genießen Sie die Schönheit der Welt. Die Blütenmudra ist ein himmlisches Füllhorn, das Sie mit sich und der Welt versöhnt. Sie werden heil.

Und so formen Sie mit Ihren Händen auch eine Heilmudra, die Ihnen Entspannung beschert und körperliches Unwohlsein auflöst. Ihr Gesicht glättet sich, Hautunreinheiten verschwinden, und Ihre Augen strahlen Lebendigkeit und Glücksgefühl aus. Ebenso wirkt die Blütenmudra als Regenerationsmudra, die Sie nach erlittener Krankheit wieder aufrichtet und Ihre »Batterien« mit neuer Lebensenergie auflädt. Mit ihr sind Sie fit und präsent.

So lindern Sie Schmerzen: Legen Sie Ihre rechte Hand auf die empfindliche Stelle und senden Sie sich über die Handfläche Heilkraft. Mit Ihrer linken leiten Sie gleichzeitig den Schmerz ab.

Meditation zur Begleitung der Mudra

Sprechen Sie zu sich, während Sie die Mudra halten: »Die Sonne ist für mich aufgegangen. Sie strahlt in mein Herz. Ich erblühe. Ich bin schön. Ich blühe nur für dich. Die Sonne sieht meine Schönheit. Sie beglänzt mich. Meine Seele ist warm.«

Der Austausch von Zärtlichkeiten
ist die schönste Zwiesprache
der Seelen, die wir uns vorstellen
können. Wenn Menschen sich
mögen, haben sie auch das Be-
dürfnis, sich zu berühren. Durch
die Hände treten dabei unsere
Seelen in unmittelbare Wechsel-
beziehung miteinander. Über die
Mudras können Sie mit Ihren
Händen Ihren Partner an Ihrer
Seelenkraft teilhaben lassen.

Partnerschaft –

die Seele mit den Händen streicheln

Fingerspiele **für Fingerspitzengefühle**

Eine gute Partnerschaft erfordert Fingerspitzengefühl von beiden Seiten. Wollen wir miteinander auskommen, sind wir auf gegenseitiges Einfühlungsvermögen, Verständnis und Taktgefühl angewiesen. Mitgefühl und seelische Empfindsamkeit leiten uns hierbei. Dieses Feingefühl ist jedoch keineswegs nur Herzenssache, sondern steht durchaus in einem Bezug zu unserem tatsächlichen Fingerspitzengefühl. Mit diesem Fingerspiel steigern Sie die Empfindsamkeit Ihrer Fingerspitzen.

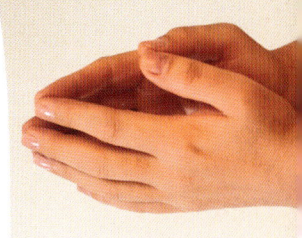

»Tautropfen« nennt man die feinen Erhebungen auf den Fingerbeeren. Hier ist unser Tastsinn am feinsten ausgebildet. Bei sensiblen Menschen sind diese besonders ausgebildet.

Fingerspitzenmassage als Seelenmassage

Zur Einstimmung auf diese Übung halten Sie über sechs Atemzüge Ihre Hände nur an den Fingerspitzen zusammen. Bewegen Sie Ihre Hände dabei nicht, sondern besinnen Sie sich nur auf das, was Sie hierbei empfinden.

- Massieren Sie nun mit sanftem Druck Ihre Fingerkuppen. Zunächst massieren Sie die Fingerspitzen jeder Hand mit dem Daumen der Gegenhand. Halten Sie dann die Fingerkuppen wieder zusammen und massieren Sie sie gegenseitig durch sanfte Bewegungen.
- Halten Sie die Fingerkuppen wieder aneinander und tasten sie mit kleinen Kreisen gegenseitig ab. Versuchen Sie dabei, die Papillaren – die feinen Hauterhebungen an den Fingerspitzen – zu erspüren. Haben Sie ein wenig Geduld, denn durch die vorangegangene Massage werden Sie anfänglich kaum ein Gespür dafür haben.
- Im letzten Übungsschritt klopfen Sie dreimal mit den Fingerkuppen der rechten Hand gegen die Fingerkuppen der linken Hand und dann dreimal in gegengleicher Richtung.

Abschließend halten Sie Ihre Fingerspitzen über sechs Atemzüge wieder in der Grundstellung aneinander. Wiederholen Sie diese Übung noch zweimal.

Mit dieser Übung trainieren Sie nicht nur Ihr Fingerspitzengefühl, sondern vermitteln sich auch feinsinnige Impulse. Hierdurch versetzen Sie sich in die Lage, sich abzeichnende Stimmungen zu erahnen. Ebenso befähigen Sie sich, eigene Stimmungen durch Berührung mit Ihren Händen auf andere Personen zu übertragen.

Mudra der Güte –
ein Liebesmahl vorbereiten

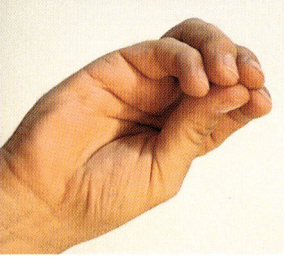

Mit dieser Geste signalisieren Sie Ihrem Partner, dass nur das Beste gut genug für ihn ist.

So formen Sie die Mudra: Gruppieren Sie die Fingerspitzen beider Hände in einer Ebene um die aufgestellten Daumen. Die Oberarme sind am Körper angelegt und die Unterarme angewinkelt. Halten Sie die Mudra dabei so, als würden Sie zwei Lichter vor sich her tragen.

So stärkt Sie die Mudra der Güte

Es ist gut, es ist klar, so verstehen wir diese Handhaltung als bewegte Geste. Sie kräftigt die Harmonie und das Verständnis zwischen zwei Menschen. Dementsprechend bezeugen Sie mit der Mudra der Güte, dass Sie sich in der Partnerschaft wohl und angenommen fühlen. Gleichzeitig formen Sie mit ihr eine Füttergeste, mit der Sie Ihre Zuneigung zu Ihrem Partner ausdrücken. In dieser Weise schicken Sie ihm Ihre Liebe und Ihre Fürsorge. Formen Sie die Mudra gemeinsam mit Ihrem Partner, nähern Sie Ihre Hände einander auf Fingerbreite an. Lassen Sie sich nun ganz auf Ihre Empfindungen ein. Sie werden spüren, wie Ihre Kräfte ineinander und aufeinander überfließen. Ihre Seelen werden eins. Hierdurch adeln Sie Ihre Beziehung und rücken Ihrem Partner ins Herz. Ihr gemeinsames Erleben erfährt Seelentiefe.

 **Expertentipp**

Verleihen Sie der Liebe Flügel

Mit den Mudras dieses Kapitels setzen Sie Impulse, die die Zweisamkeit beflügeln. Deshalb empfiehlt es sich, diese Mudras gemeinsam mit dem Partner zu formen. Hierdurch schwingen Sie sich beide auf Ihre Energien ein. Sprechen Sie, nachdem Sie die Mudras geformt haben, miteinander über Ihre Empfindungen. Um sich die Mächtigkeit der Mudras länger zu bewahren, sollten Sie auch, sobald Sie der Alltag einholt und die Wirkung der Mudras verflacht, sich vor der nächsten Sitzung austauschen, warum sich die Wirkung verlor. Prüfen Sie dazu, ob Sie sie selbst aufgegeben haben, ob sie verzehrt oder ob sie abgewiesen wurde.

Bundmudra –
wandeln Sie zwischen den Polen

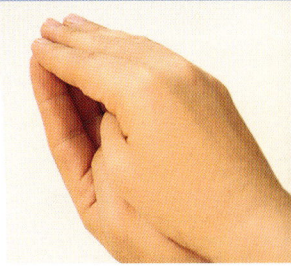

So formen Sie die Mudra: Halten Sie die flachen Hände auf Nabelhöhe aneinander und führen Sie die Daumen zwischen die Handflächen. Die Fingerspitzen zeigen vom Körper weg. Atmen Sie ein und aus. Mit dem nächsten Atemzug drehen Sie die zusammengehaltenen Daumen nach außen zu Ihrem Körper hin. In dieser Weise wechseln Sie die Handhaltung über wenigstens zwölf Atemzüge.

So stärkt Sie die Bundmudra

Wer bist du eigentlich? Diese Frage richten wir in Gedanken öfters an den Partner und befragen uns doch zugleich selbst damit. Mit dieser Mudra nehmen Sie dieses Wechselspiel auf, indem Sie zwischen Offenheit und Einkehr, Hingabe und Verweigerung pendeln. So fördert die Bundmudra die Nähe zu Ihrem Partner und bestärkt Sie zugleich in Ihrer Eigenständigkeit. Denn nur solange jeder Partner auch für sich steht, ist das Gleichgewicht in der Partnerschaft, die Voraussetzung für wahre Harmonie, gegeben.

Zugleich hebt die Mudra Ihr verborgenes Wesen vor Ihr inneres Auge. So werden Sie sich Ihrer Gegensätze bewusst. Sie sehen sich im Licht als auch im Schatten. Gerade durch die Empfindung Ihrer eigenen Schattenseite können Sie auch die andere Seite Ihres Partners erkennen und annehmen. So erkennen Sie ihn zum einen Ihnen zugeneigt und zum anderen Ihnen abgewandt. In seiner Abgewandtheit aber ist er der notwendige Gegensatz, der Sie wiederum anzieht. Sie sehen, wie sie sich ergänzen.

Fühlen Sie sich innerlich zerrissen, halten Sie die Mudra. Sie bringt Ihren Körper wieder ins Gleichgewicht und lässt Ihre Lebensgeister erwachen.

 **Gut zu wissen**

Die Sicht auf das Ganze lenken

Mit der Bundmudra rühren Sie an einer kreativen Intelligenz, die das ganzheitliche Denken unterstützt. Das heißt, Sie erkennen Probleme in ihrem vernetzten und übergeordneten Zusammenhang.

Pfauenradmudra –
sich miteinander verschränken

So formen Sie die Mudra: Halten Sie die Hände in Halshöhe flach aneinander. Versetzen Sie dann Ihre rechte Hand um eine Fingerbreite nach vorne. Verschränken Sie nun Ihre Fingerspitzen ineinander, sodass sie sich alle in einer Reihe befinden. Der linke Daumen kreuzt den rechten. Halten Sie die Mudra über sechzig Atemzüge.

In Ihrer Handmitte schlägt der Puls der Hand. Er ist hochsensibel. Stimulieren Sie sanft die rechte Handmitte mit dem linken Mittelfinger, und Sie steigern ihr Zartgefühl.

So stärkt Sie die Pfauenradmudra

Betrachten Sie das Bild Ihrer Hände. Sehen Sie, wie sich die Finger ineinander schmiegen? Sehen Sie die Eleganz, mit der sie eine Linie bilden und dabei wie ein Fächer im Raum stehen? Es ist ein stolzes Bild, das Sie mit dieser raumgreifenden Mudra formen. Entsprechend erhaben ist Ihre Ausstrahlung, die Sie umfasst und gleich einem Pfauenrad schmückt. Sie selbst spenden sich diesen Strahlenkranz, in dem Sie stehen. Lassen Sie sich dafür ohne Scheu bewundern.

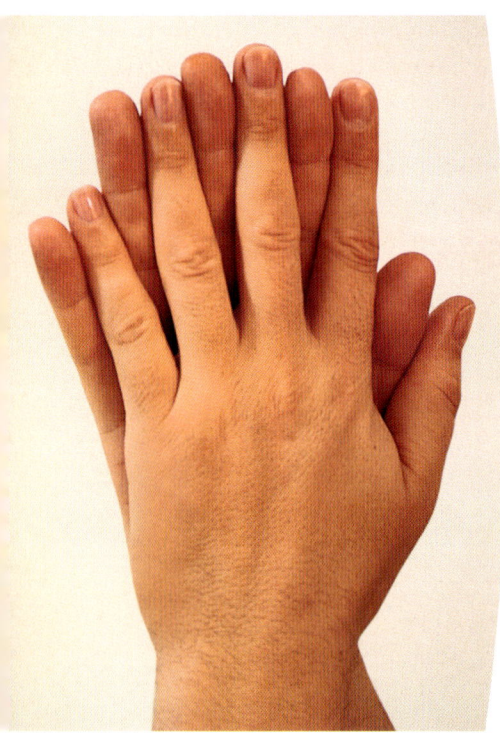

Sie nehmen sich den Raum, den Sie beanspruchen, in selbstverständlicher Weise. Und sollte man ihn Ihnen verweigern, wissen Sie mit offenem Visier dafür zu streiten. Dabei sind Sie durchaus bereit, Raum zu teilen, solange man Sie hierdurch nicht beschränkt. Und für den feinen Unterschied zwischen Gewähren und Bedrängen, jenen Respekt, den das Zusammensein mit Ihnen verlangt, entwickeln Sie dank der Mudra ein merkliches Feingefühl. Streitbarkeit und Liebe ist der Impuls, der Sie hierzu bewegt.

Die Sinnlichkeit, die die Pfauenradmudra stimuliert, ist Lebenslust und Hochgenuss, die erlebt werden wollen.

Die Wippmudra
befreit Sie von fremden Fesseln

So formen Sie die Mudra: Formen Sie die Mudra in Magenhöhe, die Fingerspitzen weisen nach vorne. Biegen Sie die gestreckten Finger an beiden Händen zurück. Halten Sie die Hände mit den Fingerballen zusammen. Atmen Sie gleichmäßig ein und aus. Beim Einatmen führen Sie die abgebogenen Finger zusammen und die Handflächen auseinander. Beim Ausatmen führen Sie die Bewegung in umgekehrter Richtung aus. Bewegen Sie die Mudra über sechzig Atemzüge.

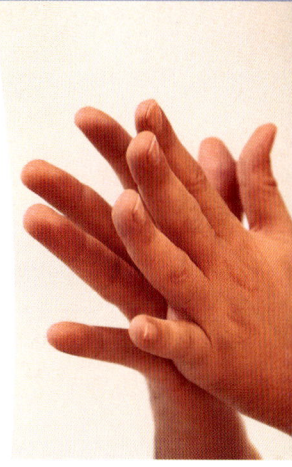

So stärkt Sie die Wippmudra

Starke Partnerschaften erfordern starke Partner. Ein starker Partner in der Partnerschaft zu sein, dies ist die Richtung, in die der Impuls der Wippmudra zielt. Er stärkt Ihnen nicht nur den Rücken, sondern öffnet auch Ihr Herz. Denn als starkes Gegenüber in einer Beziehung dürfen Sie auch Ihre Schwächen zeigen. So tragen Ihre Schwächen mit zu Ihrer Stärke bei, und Sie vermeiden Verletzungen.

Wie nahe Schwäche und Stärke in einer Beziehung beieinander liegen, erfährt man durch diese Mudra.

Hierzu lenkt die Mudra Ihren Blick auf Ihre Schwächen in einer Weise, die es Ihnen ermöglicht, auch diese Seiten an sich zu bejahen. Zugleich aktiviert sie Kräfte in Ihnen, durch die Sie freimütig mit Ihren Blößen umzugehen lernen. Hierdurch zeigen Sie nicht nur selbstbewusstes Vertrauen in Ihren Partner, sondern Sie fordern gleichermaßen sein Vertrauen ein. Es entsteht eine umfassende Intimität zwischen Ihnen beiden.

Diese sich anbahnende Stärke verleiht Ihnen zudem die Kraft, einfältige Zwänge und Normen zu durchbrechen. Was nunmehr zählt ist, was Ihnen Ihr Herz sagt. Hierdurch lösen Sie sich von Vorurteilen und wecken Ihr Mitgefühl. Folgen Sie Ihrem Herzen!

Wollen Sie nach einem Streit die Versöhnung besiegeln, halten Sie Ihren rechten Zeigefinger gegen den des Partners. Zwei starke Seelen finden so zu ihrem Ausgleich.

Meditation zur Begleitung der Mudra

Sprechen Sie zu sich, während Sie die Mudra halten: »Seht mich an, ich bin ein klares Wasser, ein strahlendes Licht, ein kräftiger Wind. Ich labe, leuchte und kläre. Ich bin, wie ich mich zeige. Mein Herz ist offen. Blicke hinein. Entdecke mich. So unverhüllt bin ich unverletzbar. Wer mich jetzt verwundet, verletzt sich selbst.«

Yoni-Ficka-Mudra – eine Lanze für die Lust

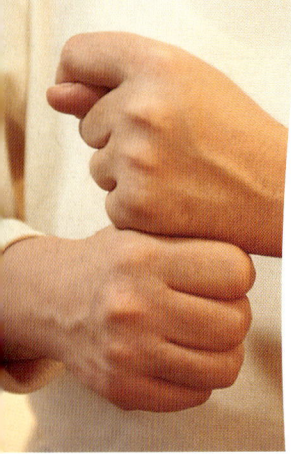

So formen Sie die Mudra: Mit der rechten Hand formen Sie eine Yonimudra. Dazu schließen Sie die Hand zu einer Faust und umfassen mit ihr das obere Daumenglied. Mit der linken Hand formen Sie die Fickageste. Setzen Sie die linke Hand so über die rechte, dass die Fingergrundgelenkknöchel beider Hände in einer Linie liegen. Halten Sie die Mudra wenigstens drei Minuten in Magenhöhe.

So stärkt Sie die Yoni-Ficka-Mudra

Mit dieser Mudra halten Sie zwei uralte, in allen Kulturen verwandte Fruchtbarkeitssymbole. Als solche sind sie auch eindeutige, auf den Sexualakt abzielende Zeichen. Folglich spricht der Impuls der Yoni-Ficka-Mudra auch Ihre Liebesfähigkeit und Ihre Liebeskraft an. Sie reizt Ihre Sinnlichkeit, und Sie bekommen Lust auf die Lust.

Und da geschlechtliche Liebe Ihre Anregung vor allem in unserem Gemüt findet, macht diese Mudra Ihnen auch Ihren Partner gefällig. Ebenso steigert sie auch Ihre Attraktivität. Sie geben sich anmutig und verführerisch und strahlen dementsprechenden Liebreiz aus.

Halten Sie die Mudra vor Ihren Unterleib und führen Sie sie langsam vor Ihrem Körper bis zur Stirn, setzen Sie einen starken Impuls zugunsten Ihres Körperbewusstseins. Ihre Empfindungen erhalten hierdurch große Tiefe und starken Nachhall. So steigern Sie Ihr sinnliches Erleben und werden dahingehend aktiv.

Formen Sie die Fickageste so, dass der Daumen zwischen Mittel- und Ringfinger aus der Faust ragt, halten Sie damit die Mudra des Wohlbefindens und stärken Ihre Lebensgeister.

 **Expertentipp**

Die eigene Lust spüren

Vertauschen Sie die Yoni-Ficka-Mudra, indem Sie die Yonimudra über die Fickageste setzen, stimulieren Sie ihre »magische« Kraft. Sie werden sich Ihrer inneren Achse bewusst. Ein Energiefluss scheint zwischen Ihrem Kopf und Ihrem Geschlecht auf- und niederzuschwingen. Sie erfasst eine meditative Sammlung. Mit ihr erfahren Sie eine Mächtigkeit, die sich auch Ihren Absichten mitteilt. Sie gewinnen Suggestivkraft.

Mit der Greifmudra
in himmlischen Gefilden schweben

So formen Sie die Mudra: Kreuzen Sie in Brusthöhe die rechte Hand hinter der linken. Verhaken Sie die beiden kleinen Finger mit etwas Spannung ineinander. Die Daumenspitzen halten Sie in beiden Händen an die Fingerbeeren der Mittelfinger. Halten Sie die Mudra wenigstens sechsunddreißig Atemzüge lang.

So stärkt Sie die Greifmudra

Nein, mit dieser Mudra greifen Sie nicht nach Greifbarem. Vielmehr schwingen Sie sich in die lichten Höhen Ihrer Seele – dorthin, wo Ihnen die Sonne Ihres Herzens lacht und Sie der Wind der Liebe über Wolken trägt. Es ist eine stolze Mudra, die Sie halten, so stolz und frei wie der Greif, der Adler, von dem sich ihr Name ableitet.

Die Greifmudra lässt Sie die Dinge an Ihrem Partner erkennen, die Sie besonders an ihm zu schätzen wissen.

So in lichten Höhen schwebend, lädt Sie die Greifmudra ein zu träumen. Lassen Sie sich ein auf diesen Strom, den sie in Ihnen weckt. Es ist die Zeit, jene Träume zu träumen, die wahr werden dürfen. Richten Sie den Blick auf Ihren Partner. Sehen Sie ihn so, wie Sie ihn sich erträumen, wie Sie ihn empfinden wollen. In dieser Weise rücken Sie ihm nahe, strecken Ihre seelischen Fühler nach ihm aus, um ihn zu erfassen. So lassen Sie ihn in Ihr Herz ein und erkennen ihn für einen Moment in anderer Weise. Es ist ein Bund auf einer höheren Ebene, den Sie so vollziehen, der freilich auf Erden besiegelt sein will.

 Expertentipp

Neue Kraft im Glauben erfahren

Die Greifmudra wird auch Niwamudra genannt und ist eine höchst spirituell wirkende Mudra. Sie wird vor allem von japanischen Buddhisten geformt und dient dazu, ihrer Meditation Tiefe zu verleihen. Wenn Sie die Mudra unter diesem Aspekt halten, stärken Sie Ihre Glaubenskraft und vermitteln Ihren Gebeten Inbrunst und Inständigkeit. Hierdurch finden Sie zu innerer Abgeklärtheit.

Einkehr, Ruhe und Stille. Sich vom Stress des Alltages lösen, für einen Augenblick durchatmen und wieder Kraft für neue Taten schöpfen. Wie sehr wünschen wir uns solche Augenblicke herbei und fliehen sie doch immer wieder. Mit Mudras können Sie aus diesem Kreislauf ausbrechen. Ihre sanften Impulse ermöglichen Ihnen tiefe Entspannung und innere Ruhe.

Entspannung
mit gelösten Händen

Fingerspiele –
damit die Seele baumeln kann

Legen wir die Hände in den Schoß, kommt unser unsteter Geist zur Ruhe. Blicken Sie so auf Ihre Hände, werden Sie bemerken, dass meist die Linke über der Rechten ruht. Es ist unsere schöne Hand, die Hand der Gefühle, die nun die Regie übernommen hat. Mit nachstehendem Fingerspiel können Sie den beruhigenden Effekt verstärken.

Lassen Sie die emotionale Seite Ihres Gehirns zu Wort kommen. Zeichnen Sie mit der linken Hand Muster und Kringel. Dies entspannt Sie in leiser, anhaltender Weise.

Übung zur entspannenden Fingergymnastik

- Stellen Sie sich hin und lassen Sie Ihre Arme baumeln. Stehen Sie aufrecht und entspannt. Schütteln Sie nun Ihre Arme und Hände einige Male locker aus, drehen Sie Ihre Hände in den Handgelenken kurz hin und her und lassen sie abwechselnd etwas flattern.
- Reiben Sie Ihre Hände wie beim Händewaschen, falten Sie sie zwischendurch und massieren Sie ein- bis zweimal die Handrücken vom Gelenk bis zu den Fingerspitzen. Danach klatschen Sie fünfmal.
- Halten Sie das Nagelglied des Daumens gegen die Zeigefingerkuppe und schnipsen Sie es weg. In dieser Weise springen Sie von Finger zu Finger einmal vor und zurück. Anschließend schnalzen Sie das Nagelglied des Zeigefingers von der Daumenkuppe weg und setzen die Reihe einmal vor und zurück mit den übrigen Fingern fort. Üben Sie diesen Schritt dreimal beidhändig.

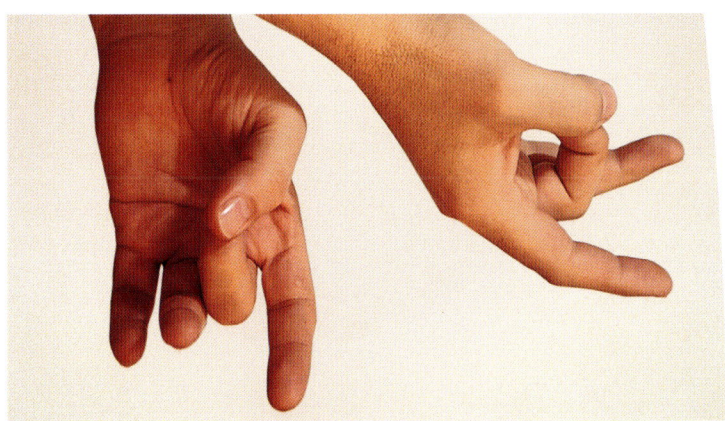

Durch diese Übung regen Sie die Beweglichkeit Ihrer Hände an und lösen zugleich Energieblockaden, wodurch die anschließende Entspannungsphase intensiver, weil unverkrampfter wird.

Kuppelmudra – **die Geste der Sammlung**

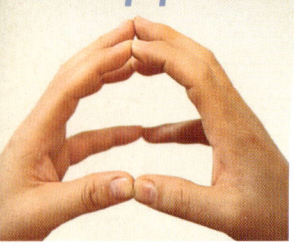

So formen Sie die Mudra: Halten Sie die gespreizten Finger mit den Spitzen zusammen und entfernen Sie dabei die Handflächen möglichst weit voneinander. Formen Sie die Mudra in Brusthöhe, die Daumen zeigen zum Körper, die übrigen Finger nach oben.

So stärkt Sie die Kuppelmudra

Wenn Sie wieder einmal zu viel um die Ohren hatten, formen Sie diese Mudra. Mit ihr kommen Sie rasch wieder zu Kräften.

Mit der Kuppelmudra errichten Sie sich einen kleinen Dom der Besinnung und Regeneration. Ihre Finger wölben sich schützend über einen Hort der Kraft. Belebende Stärke fließt Ihnen über das gehaltene Tor aus kleinem Finger und Ringfinger zu. Sie konzentriert sich beinahe spürbar in der Mitte zwischen Ihren Handflächen. Und mit jedem Atemholen strömt sie Ihnen in kerniger Frische durch das gehaltene Tor aus Daumen und Zeigefinger zu.

Halten Sie die Mudra, schaffen Sie sich einen Raum der Sammlung. Ruhe kehrt ein. Sie werden sich Ihrer selbst bewusst, erahnen Ihre Stärke und Ihre Überlegenheit. So können Sie in gleichmütiger Gelassenheit Ihren Regungen nachspüren. Sie beobachten sich hierbei aus einer höheren Warte. Dies erlaubt es Ihnen auch, übertriebene emotionale Spitzen auszugleichen. So nehmen Sie sich selbst ein Stück zurück und damit möglichen Gegnern den Wind aus den Segeln. Gleichzeitig konzentrieren Sie Ihre Kraft auf durchführbar Naheliegendes. Sie schaffen sich wieder Grund.

 Gut zu wissen

Variation einer Geste

Die Kuppelmudra ist auch eine häufig zu beobachtende kommunikative Geste, wobei hierbei die Fingerspitzen nach vorne gehalten werden. Mit dieser Geste signalisieren Sie aufmerksame Entspanntheit, Hinwendung und unaufdringliche Kompetenz. Von daher besitzt die Geste einen leisen patriarchalen Zug, der gelegentlich aber auch als blasierte Überlegenheit aufgefasst wird. Daher sollten Sie die Mudra als Geste nur mit Bedacht verwenden.

Die Ausgleichmudra hilft über Hürden

So formen Sie die Mudra: Legen Sie den Daumen gegen den mittleren Knöchel des abgeknickten kleinen Fingers. Setzen Sie nun die übrigen Finger mit den Spitzen auf den quer gehaltenen Daumen. Formen Sie die Mudra mit beiden Händen und führen Sie sie über wenigstens sechs Atemzüge langsam gegenläufig vor Ihrem Körper auf und ab.

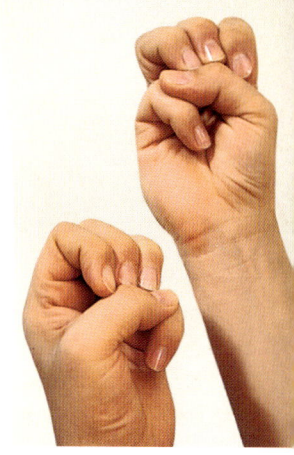

So stärkt Sie die Ausgleichmudra

In verfahrenen Situationen liefert die Ausgleichmudra oft den Schlüssel zur Lösung. Denn der von ihr vermittelte Impuls ist kräftig genug, um verworrene Knoten zu durchschlagen und Blockaden zu durchbrechen. Sie ermöglicht es Ihnen, Ballast abzuwerfen und sich zurückzulehnen. Frieden kehrt in Ihr Gemüt, die Sorgen schwinden, und Ihre Gedanken werden geschmeidig. Sie können Ihre Probleme nun wenden und aus verschiedenen Perspektiven betrachten und hierdurch neue Lösungsansätze entdecken.

Beschleunigen Sie bei dieser Mudra Ihren Atem und Ihre Handbewegungen, erreichen Sie einen entspannten Zustand, durch den Sie Abstand vom Alltag gewinnen.

Aufgrund solch veränderter Sichtweisen fällt es Ihnen leichter, Fehlentscheidungen zurückzunehmen. Sie nehmen Ihre Schwäche an und stehen zu ihr. Durch diesen großmütigen Zug nehmen Sie möglichen Konflikten die Hitze und schaffen die Gelegenheit zu sanfter, alle Seiten befriedender Korrektur.

Doch nicht nur bei handfesten Schwierigkeiten bringt die Ausgleichmudra verfahrene Situationen wieder in Fluss. Sie wirkt auch in energetischer Weise auf psychische und körperliche Blockaden ein, die wir mit uns herumtragen. Wollen Sie sich etwa, aus welchen Gründen auch immer, nicht von gedanklichen Fixierungen lösen, hilft Ihnen die Mudra, den erlösenden Punkt zu erreichen. Hierbei wirkt sie zunächst wie ein homöopathisches Elixier symptomverschärfend. Die heilsame Krise wird so rascher herbeigeführt und Ihnen hierdurch die Chance zur gesunden Umkehr eröffnet. So locken Sie mit dieser Mudra auch uneingestandene Sorgen hervor.

Gleichermaßen wirkt die Mudra als Heilmudra auf schleichende körperliche Beschwerden ein. Mit der provozierten Krise beginnen auch die vorgesehenen Therapien zu greifen.

Die Gabenmudra –
eine Lösung für alle Fälle

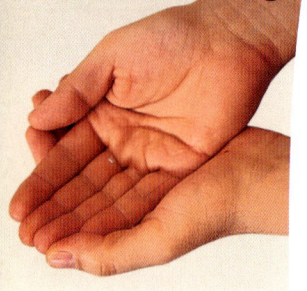

Mit der Gabenmudra symbolisieren Sie den Prozess von gegenseitigem Geben und Nehmen.

Abwarten und Däumchen drehen. Halten Sie sich an diesen Spruch. Sie nehmen sich in idealer Weise zurück, lassen Dampf ab und tanken dabei noch Kraft für die Zeit danach.

So formen Sie die Mudra: Halten Sie Ihre geöffneten Hände sechs Atemzüge lang in Bauchhöhe nach oben. Danach legen Sie Ihre Rechte in die Linke. Ihr linker Daumen berührt dabei die Spitzen von kleinem Finger und Ringfinger der rechten Hand. Der rechte Daumen ruht gegen die Zeigefingerspitze der linken Hand. Halten Sie die Mudra nun mindestens über zwölf Atemzüge.

So stärkt Sie die Gabenmudra

Mit dieser Mudra halten Sie Ihre Hände einerseits so, als würden Sie sich eine Gabe erbitten, und andererseits, als würden Sie ein Geschenk überreichen wollen. Dementsprechend werden auch beide Impulse durch die Gabenmudra angesprochen. Etwas geben und dafür etwas erhalten, das ist die Eigenschaft, in die Sie sich einfühlen.

Sie lösen sich vom Wirbel des Alltags, legen seine drängenden Notwendigkeiten beiseite. Nichts ist mehr von Wichtigkeit, alle Eile wird zur Weile. Sie haben erst einmal Pause und treten aus dem Kreis, so als würden Sie nicht mehr zurückkehren. Dieser Wechsel ist sehr schwierig und muss deshalb auch von Ihnen gewollt sein. Wagen Sie es aber, aus dem Kreislauf auszutreten, erfahren Sie, dass Sie vielleicht kein ersetzbares, aber gewiss ein austauschbares Rad im Getriebe sind. Sie geben sich und Ihre Illusionen hin. Der Trug der Selbstüberschätzung hat ein Ende.

Als Gegengabe erhalten Sie inneren Frieden zum Geschenk. Es wird ein Frieden sein, den Sie sich so nicht vorstellen konnten. Sie blicken in den Spiegel, sehen sich und sehen, was Ihnen mangelt. Sehen, was Sie all die Zeit missachtet hatten, für sich zu sammeln. So treten Sie aus der Zeit und haben mit einem Male alle Zeit der Welt. Nehmen Sie sie sich. Es ist Ihre Zeit.

Meditation zur Begleitung der Mudra

Sprechen Sie zu sich, während Sie die Mudra halten: »Ich öffne meine Hände. Die ganze Welt ruht in ihnen. Ich ruhe in der Welt. Ich bin ihr. Greife ich zu, sind meine Hände leer.«

Mudra der Stille –
der Stress bleibt vor der Tür

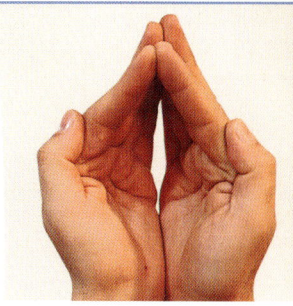

So formen Sie die Mudra: Formen Sie die Mudra in Augenhöhe. Halten Sie hierzu die Handkanten und kleinen Finger aneinander. Die anderen Finger berühren sich mit den Spitzen. Die Daumen ruhen an den Grundgelenkknöcheln der Zeigefinger. Die Handflächen sind so weit wie möglich geöffnet. Blicken Sie nun wenigstens sechs Atemzüge lang in die vorgehaltene Mudra.

So stärkt Sie die Mudra der Stille

Betrachten Sie Ihre erhobenen, zur Mudra der Stille geformten Hände. Sie ähneln einem mit der Spitze nach oben weisenden Herz. Zudem formen sie, gleich einer Kapelle, einen Raum der Einkehr. Er wird von einem fernen Licht, das in der Mitte der Mudra zwischen den kleinen Fingern hindurchblitzt, erhellt. Ebenso bildhaft dürfen Sie auch den Impuls dieser Mudra verstehen.

Mit ihr schaffen Sie sich einen Schutzraum. Hier dürfen Sie Ihr Herz ausschütten. Kehren Sie es also um und richten es himmelwärts, damit es frische Lebenskraft umfließt. Gleichlaufend wird Sie ein Strom spürbarer Energie vom Kopf her erfassen und Ihren Körper durchströmen. Die Mattigkeit schwindet, und Sie finden in aktiver Weise Ruhe. Das bedeutet, Sie sind einerseits sehr wach und klar, andererseits aber körperlich entspannt und passiv. So dürfen Sie sich selbst und der Welt den Spiegel vorhalten. Wagen Sie einen Blick hinein, ohne zu werten. Denn dies ist nicht die Zeit, sich selbst oder andere zu verurteilen, sondern zu schauen und zu lernen.

Mit der Mudra geben Sie Ihrer Seele Raum, sich zu entfalten. Sie wird groß, ganz und heil. Sie finden Ihr Zentrum wieder, nicht in Ihrem Ego, sondern in Ihrem Wesen. So überwinden Sie Ihre innere Zerrissenheit, beenden das Hadern mit sich und finden wieder Zuversicht. Das ferne Licht, das Ihre Seele erhellt, wird Ihnen zum Leitstern. Beenden Sie die Mudra, wissen Sie, wohin Sie Ihre Reise führt.

Und wann immer Sie müde sind, kehren Sie in diesen Raum zurück. In ihm darf Ihre Seele schweifen. Durchstreifen Sie so Ihre Welt, und Sie wissen wieder, wo Ihnen Gutes widerfährt.

Als Heilmudra wirkt diese Handhaltung stärkend auf Ihr Immunsystem. Sich ankündigende Unpässlichkeiten lassen sich so rechtzeitig abwehren.

Schreiben Sie auf, wie Sie die Kraft der verschiedenen Mudras empfinden. So lernen Sie, mit der Energie umzugehen, und können zudem die Entwicklung Ihrer Sensibilität verfolgen.

Mit der Augenmudra
den Weg zu sich finden

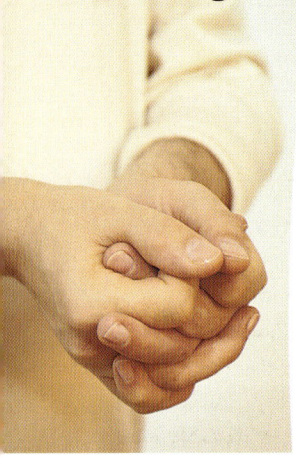

Diese Mudra hat auch eine telepathische Wirkung. Denken Sie, sobald Sie sie halten, an Ihre Freunde, und der Kontakt belebt sich wieder.

Ihre Entspannung wird tiefer und nachhaltiger, wenn Sie vor und nach einer Entspannungsmudra eine Weile die geöffneten Handflächen in Hüfthöhe vor sich halten.

So formen Sie die Mudra: Falten Sie Ihre Hände und richten Sie Mittel- und Zeigefinger auf. Drücken Sie nun den rechten Mittelfinger in die Daumenbeuge links und den linken Mittelfinger in die Daumenbeuge rechts. Umfassen Sie die Mittelfinger mit den Zeigefingern. Schließen Sie die Hände und halten Sie die Daumen parallel aneinander. Halten Sie die Mudra über fünf Minuten in Nabelhöhe.

So stärkt Sie die Augenmudra

Mit der Augenmudra blicken Sie tief in Sphären, die Ihnen im Alltag verschlossen bleiben. Es ist die Zeit zu träumen. Suchen Sie sich also für diese Mudra einen ungestörten Ort, damit Sie nicht unsanft aus Ihren Träumen gerissen werden können. Formen Sie die Mudra, lassen Sie zugleich die Welt vor der Tür. Sie sind bei sich, nehmen Sie sich selbst in den Arm und kuscheln Sie mit sich. Ihr Herz ist warm und weit. Die Zeit verlangsamt sich, es gibt nichts, was Sie noch drängt.

Sich in sich kehren, ist der grundlegende Impuls dieser Mudra. Gleichzeitig wappnet sie Sie gegenüber der Außenwelt. Sie dürfen nun Ihren schönsten Gedanken nachhängen und Luftschlösser errichten. Halten Sie sie jedoch nicht fest, sondern schicken Sie Ihre Träume auf Reisen. Vertrauen Sie sie dem Wind an, und sie werden gleich den Wolken abregnen und auf fruchtbaren Boden fallen. So senden Sie aus Ihrem Herzen Impulse in die Welt, die Ihnen im Alltag zum Guten werden. Es ist eine stille, wirksame Einflussnahme.

In dieser Weise finden Sie Kontakt zu Ihrem höheren Selbst und erahnen, was Sie lenkt. Sie sehen klar, ob Sie sich auf dem rechten, Ihrem ganz persönlichen Weg befinden oder im Abseits wandeln. Sie finden wieder Vertrauen zur Stimme Ihres Herzens.

Meditation zur Begleitung der Mudra

Sprechen Sie zu sich, während Sie die Mudra halten: »Ich bin das warme blaue Meer. Ich bin der Nebel, den die Sonne in den Himmel hebt. Ich bin die Wolke, die den Regen bringt. Ich bin der Tropfen, der zur Erde fällt. Ich bin das warme blaue Meer.«

Die Feuermudra kehrt die Dinge um

So formen Sie die Mudra: Halten Sie Ihre Hände mit den Finger-kuppen zusammen. Lösen Sie dann die kleinen Finger und Daumen und führen Sie sie unter den anderen Fingern über Kreuz zusammen. Der linke Daumen berührt dabei den kleinen rechten Finger, darüber kreuzen Sie den rechten Daumen mit dem kleinen Finger der linken Hand. Halten Sie die Mudra sechs Atemzüge in Nabelhöhe.

So stärkt Sie die Feuermudra

Fragen Sie sich manchmal, ob das Wichtige wirklich so wichtig ist, wie Sie meinen, oder man es Ihnen einzureden versucht? Mit der Feuermudra finden Sie dazu Ihre eigene gültige Antwort. Und wo-möglich setzen Sie danach neue und ganz andere Prioritäten.

Bereits in ihrer Symbolik verrät die Feuermudra ihre Mächtigkeit. So formen Sie mit den überkreuzten Fingern eine liegende Acht, das Zeichen der Unvergänglichkeit. Darüber halten Sie mit den anderen Fingern ein Zelt, das zugleich auch Zeichen für die Flamme Ihres Geistes ist. Und somit blicken Sie aus großer Höhe auf die Probleme des Alltags, die Ihnen mit einem Male sehr klein erscheinen.

Hierdurch lösen Sie zwar Ihre Sorgen nicht, sie erscheinen Ihnen aber weniger erdrückend. Sie finden zu Ruhe und innerem Gleichge-wicht. Anstatt beständig Ihre Kraft nach außen zu richten, nutzen Sie sie jetzt, um neue Kraft zu schöpfen und in sich zu bewahren.

Haben Sie Schwierig-keiten, diese Mudra zu halten, legen Sie Ihre Hände auf eine Tisch-platte und drücken Ihre Finger mehrmals kurz dagegen. Sie werden geschmeidiger.

 **Expertentipp**

Das eigene Ich erfahren

Halten Sie die Feuermudra über Ihren Scheitel, stößt sie eine meditative Sicht an. Sie werden sich in tief greifender Weise Ihrer Leiblichkeit bewusst, erfahren sie gewissermaßen mit allen Sinnen. In gleicher Weise erahnen Sie aber auch Ihre Seelenkraft als einen den Leib umhüllenden und durchwir-kenden Lebensstrom. So erkennen Sie sich in einer tröstlichen Sicht sowohl als vergänglich wie auch als etwas unvergänglich Beseeltes.

Stupamudra –
dem Kaiser neue Kleider nähen

Nach dem Formen dieser Mudra benötigen Sie keinen »Schlachtplan« mehr, denn Sie sehen die Dinge klar und ohne jede Täuschung.

So formen Sie die Mudra: Ihre Mittelfinger berühren sich mit den Kuppen, die anderen Finger mit den Mittelgelenken. Die Daumen halten Sie mit den Spitzen nach unten zusammen. Halten Sie die Mudra über zwölf Atemzüge in Brusthöhe.

So stärkt Sie die Stupamudra

Im Märchen von »des Kaisers neuen Kleider« gibt es zwei pfiffige Parteien. Einmal die beiden Schelme, die dem Kaiser das luftige Gewand weben, und zum zweiten das Kind, das erkennt, dass der Kaiser nackt ist. Mit der Stupamudra übernehmen Sie beide Rollen in einem, nämlich Schwindler und Aufklärer für sich ganz allein zu sein. Nur die Rolle des Kaisers bleibt frei, denn die ist durch Sie selbst längst besetzt.

Suchen Sie hinter diesem Gleichnis nicht den Widerspruch zu finden, denn der Widerspruch sind Sie selbst. Und auf seine eigene Widersprüchlichkeit zurückgeworfen zu werden, ist der Anstoß dieser Mudra. Jetzt haben Sie die Gelegenheit, in sich zu gehen und zu sehen, mit welchem Gespinst an Täuschungen Sie sich selbst hinters Licht führen. Gleichzeitig dürfen Sie sich unter innerem Gelächter die Augen reiben, sobald Sie erkennen, dass hinter mancher Sorge und Angst oder eingebildeter Wichtigkeit nichts ist. So lösen sich manche Probleme tatsächlich in Luft auf, und Sie haben es fürwahr in der Hand, dass dem so geschieht.

Die Stupamudra hilft Ihnen, einen Schritt zurückzutreten und es sich in der zweiten Reihe bequem zu machen. Und seltsamerweise werden Sie aus dieser Distanz eher erkennen, was auf Sie zukommt. Entsprechend leichter fällt es Ihnen, die notwendige Kraft für kommende Taten zu sammeln.

Sie bewahren die Ruhe und finden zu Ihrer Mitte. Gedanken kommen und gehen, neue Ideen steigen auf und verwehen wieder. Sehen Sie dem allen entspannt zu. Denn es geht nicht darum, irgendetwas festzuhalten. Wenn es an der Zeit ist, wieder nach vorne zu treten, werden Sie gestärkt sein, und es wird Ihnen klar sein, was zu tun ist.

Wollen Sie für einen Moment abschalten, legen Sie Ihre linke Hand auf eine kühle und Ihre rechte auf eine wärmere Fläche, z. B. auf einen Teller und eine Zeitung.

Entwöhnungsmudra –
die Kraft für gute Vorsätze

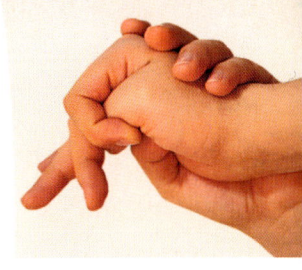

So formen Sie die Mudra: Halten Sie in der linken Hand die Daumenspitze an die Ringfingerwurzel und knicken Sie den Zeigefinger über den Daumenballen. Der Mittelfinger wird senkrecht gestreckt, die restlichen Finger gerade abgestreckt. Mit Ihrer rechten Hand umfassen Sie darauf den Handrücken der linken, sodass die Daumenspitze in der Handmitte ruht. Üben Sie nun mit den Daumen abwechselnd sanften Druck auf die linke Handfläche aus.

Diese Mudra hilft bei spontanen Entscheidungen. Durch sie spüren Sie deutlich Ihr eigentliches Wollen.

So stärkt Sie die Entwöhnungsmudra

Sie wollen aus dem immer gleichen Trott ausbrechen? Dann halten Sie hierfür die passende Mudra in der Hand. Ihr Impuls unterbricht jegliche Routine. Sie finden die Kraft, die Dinge aus der Hand zu legen und sich vorübergehend mit ganz anderem zu beschäftigen.

Hierbei hilft Ihnen die Kraft der Mudra, sich auch emotional von Ihren Verpflichtungen zu lösen. Sie sind darauf imstande, kühl und sachlich das Für und Wider Ihrer Pläne abzuwägen. Die Zeit des Zweifelns hat ein Ende. Haben Sie Ihren Entschluss erst einmal getroffen, haben Sie auch die Kraft, das Alte zu beenden oder es mit neuem Elan in veränderter Weise fortzuführen. Sie laufen also nicht vor Ihren Aufgaben davon, sondern beschließen sie in akzeptabler Weise. Nicht zuletzt bauen Sie hierzu auch die notwendige körperliche Spannkraft auf, um Ihr Vorhaben durchzustehen.

Gut zu wissen

Schluss mit alten Lastern

Die Entwöhnungsmudra macht ihrem Namen alle Ehre, sobald Sie sich von einer lästigen Angewohnheit befreien wollen. Atmen Sie dazu, während Sie die Mudra in Nabelhöhe halten, tief ein und stoßweise wieder aus. Stärkende Lebenskraft fließt Ihnen zu. Leber und Niere werden angeregt und eine Entschlackung gefördert. Zudem werden unangenehme Entzugssymptome gemindert.

Auch wenn wir die Sonne im
Herzen tragen, gibt es Tage, an
denen Trauer und Trübsinn sie
überschatten. Wichtig ist, auch
solchen Gefühlen Raum zu lassen.
Mit einer Mudra können Sie Ihre
Zuversicht stärken und die kleinen Blessuren des Alltags aus-
gleichen. Nehmen Sie Ihr Glück
in die eigenen Hände und zaubern
sich Ihr inneres Lächeln zurück.

Lebensmut

aus der Kraft
der Hände
schöpfen

Fingerspiele, die unser Herz erfreuen

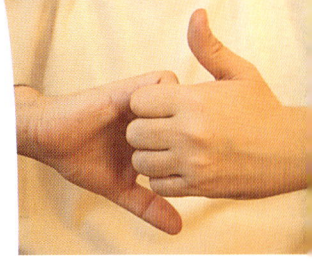

Trauer liegt uns wie ein Stein auf dem Herzen, wir fühlen uns bedrückt, und unsere Bewegungen verlangsamen sich. Hat die Trauer ihren Grund, sind diese Empfindungen auch verständlich. Umgekehrt lassen aber auch eingeschränkte Bewegung und fehlende Geschmeidigkeit unser Gemüt ähnlich ermüden, wir fühlen uns betrübt und antriebslos. Mit nachstehender Übung holen Sie wieder Schwung, und Ihr Gemüt hellt sich wieder auf.

Regelmäßig durchgeführt, bringen die Fingerspiele neuen Schwung in Ihre Bewegungen und vermitteln eine positive Stimmung.

Federnde Finger für eine beschwingte Stimmung
Diese Übung besteht aus vier Schritten, die Sie dreimal hintereinander wiederholen sollten.
- Verhaken Sie Ihre Hände in Brusthöhe mit den Fingern ineinander. Hierbei zeigt die rechte Handfläche nach außen und die linke zum Körper hin. Die Daumen sind vertikal nach oben und unten abgespreizt. Atmen Sie nun sechsmal ein und aus. Beim Einatmen üben Sie einen Zug auf die Hände aus, den Sie beim Ausatmen wieder lösen.
- Halten Sie Ihre Hände dachförmig an den Fingerkuppen zusammen. Drücken Sie nun Ihre Fingerballen rhythmisch zwölfmal in Folge aneinander.
- Halten Sie jeden Finger mit der Fingerkuppe einzeln in die Handfläche der Gegenhand. Drücken Sie mit dem Finger kurz dagegen, sodass er sich in seinem Gelenk nach hinten biegt.
- Knicken Sie jeden Finger einzeln zur Handfläche hin ab. Bedecken Sie den Finger mit dem Daumen der Gegenhand und drücken Sie ihn mit einer knappen Bewegung gegen die Handfläche.

Sie brauchen Kraft, um Entscheidungen zu vertreten? Streichen Sie hierzu mit dem linken Daumen über die rechte Lebenslinie, das ist die Handlinie um den Daumenballen.

Meditation zur Begleitung der Übung
Sprechen Sie zu sich zum Ende jeder Übungsfolge: »Ich bin da und stehe auf festem Grund. Meine Hände sind kräftig und schmiegsam. Was ich anfasse, erfährt Halt und wird gut. Ich öffne meine Hände, und das Gute fällt ihnen zu. Es fügt sich mir. Mir geht es gut. Ich bin stark. Meine Seele ist weit und voller Freude. Es ist schön, wieder zu lachen.«

Der Lebensretter macht Sie stark

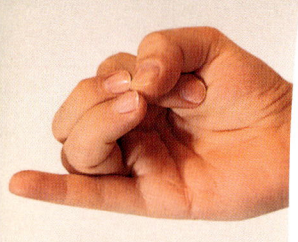

So formen Sie die Mudra: Schlagen Sie Ihren Zeigefinger nach unten auf den Daumenballen und umfassen Sie ihn mit dem Daumen. Neigen Sie Mittel- und Ringfinger gegen die Daumenspitze und strecken Sie den kleinen Finger ab. Halten Sie die Mudra mit der rechten Hand über zwölf Atemzüge.

Bleibt eine Mudra mal kraftlos, so nehmen Sie vorübergehend Ihre Ringe ab, damit die Energien wieder fließen können.

So stärkt Sie die Lebensrettermudra

Mit dieser Mudra steigen Sie in ein Bad reinster Lebenskraft. Ihre erfrischende Stärke werden Sie augenblicklich körperlich wahrnehmen. Sie strömt Ihnen, Sie erwärmend, über Haupt und Nacken zu. Gleichzeitig fließt die verbrauchte Energie als kühler Strom über Ihre Beine und Füße in den Boden ab. Ihre körperliche Spannkraft stellt sich wieder ein, und es dürstet Sie nach neuen Taten.

Ähnlich heftig wirkt sich der Effekt der Mudra auf Ihre Psyche aus. Sie versetzt Sie in einen meditativen Zustand, in dem Sie über sich hinausgehen. Ein Gefühl, als seien Sie mit dem Sie umgebenden Raum verbunden, stellt sich ein. Die trüben Gedanken und kleinen Sorgen verfliegen. Lassen Sie sie lächelnd entfliehen. Richten Sie den kleinen Finger auf, und eine ungekannte Klarheit wird sich Ihrer bemächtigen. Ungewöhnliche Lösungen dürfen jetzt fixiert werden.

Darüber hinaus stellt sich diese Mudra auch als ein Schutzsiegel dar, durch das Sie von außen kommende Beeinträchtigungen an sich abgleiten lassen können.

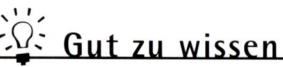 Gut zu wissen

Wirksam gegen Schwächezustände

Selbstverständlich ist der Lebensretter auch eine kräftige Heilmudra, die in Momenten akuter Schwäche und Schmerzen durchgreifend stabilisierend wirkt. Auch bei Herzattacken soll sie Linderung bewirken. Halten Sie hierfür die Mudra mit beiden Händen gleichzeitig. Die Lebensgeister kehren alsbald wieder, und erholsame Entspannung tritt ein.

Der magische Ring
lässt Sie in Drachenblut baden

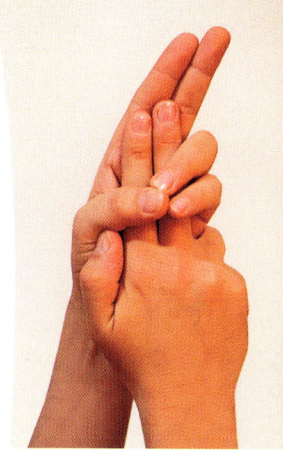

So formen Sie die Mudra: An der linken Hand strecken Sie Zeige- und Mittelfinger und halten den Daumen gegen Ring- und kleinen Finger. Die rechte Hand halten Sie wie zum Schwur und schieben sie mit Zeige- und Mittelfinger in die Handfläche der linken Hand. Halten Sie die Mudra wenigstens drei Atemzüge lang über Ihren Kopf.

So stärkt Sie der magische Ring

Mit dieser Mudra wird es schwer, Sie einzuschüchtern. Schließlich öffnet Ihnen ihr Impuls die Sinne für Ihre eigene Stärke. Ihr Blick wird von Ihren vermeintlichen Schwächen abgelenkt. Sie werden sich Ihrer Willenskraft und der sich daraus ergebenden Mächtigkeit bewusst. Sie werden wehrhaft und streitbar, denn Sie haben sich gewappnet.

Ja, Sie sind bereit, für Ihre Sache zu streiten, und das mit einer seltenen Kaltblütigkeit. Die Kraft des magischen Ringes steht Ihnen hierbei zur Seite. Und weil Sie sich Ihrer Stärke bewusst sind, müssen Sie sie kaum beweisen. Man sieht Ihnen Ihre Kühnheit ohnehin an und wird sich Ihnen jetzt nicht in den Weg stellen. Und wer es dennoch wagt, Sie herauszufordern, dem müssen Sie Gleiches nicht mit Gleichem vergelten. Es genügt, wenn Sie seiner Keckheit ganz einfach mit kühlem Gleichmut begegnen. So lassen Sie Ihre Widersacher vor Scham erröten.

Diese Mudra bewahrt Sie auch vor Albträumen. Und sollten Sie dennoch schlecht träumen, lässt Sie die Mudra, nachdem Sie sie gehalten haben, wieder sanft einschlafen.

 **Expertentipp**

Ziehen Sie eine Bannmeile um sich

Fühlen Sie sich in unbestimmter Weise bedrängt, können Sie mit dieser Mudra einen Schutzkreis um sich schlagen. Nehmen Sie dazu, nachdem Sie die Mudra über drei Atemzüge gehalten haben, die rechte Hand herunter und ziehen Sie mit ihr einen Kreis um sich. Hierauf führen Sie beide Hände wieder zur Mudra zusammen und verharren weitere drei Atemzüge lang.

Lebermudra –
wie Sie allen Ärger von sich weisen

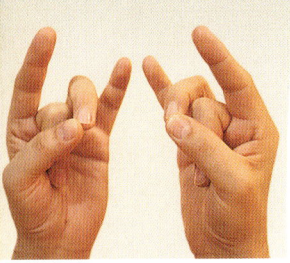

So formen Sie die Mudra: Knicken Sie Ihren Mittelfinger hinab zum Daumenballen. Schlagen Sie den Daumen darüber und berühren Sie mit seiner Spitze die Ringfingerspitze. Zeige- und kleinen Finger strecken Sie gerade ab. Halten Sie die Mudra beidhändig mit angewinkelten Armen wenigstens fünf Minuten.

So stärkt Sie die Lebermudra

Falls Sie nach einer langen Nacht mit einem Brummschädel aufwachen, formen Sie die Lebermudra, und Sie sind spätestens zum Katerfrühstück wieder fit.

Als Heilmudra stärkt die Lebermudra die Leber, hilft bei der Verdauung fetter Speisen und wirkt entschlackend. Zudem vermittelt sie Ihnen ein heilsames Körpergefühl, das Ihnen sagt, was gut oder schlecht für Sie ist.

Ist Ihnen eine Laus über die Leber gelaufen, mag so mancher Neunmalkluge sagen: selbst schuld. Doch leider ist es nun einmal so, dass wir uns so mancher Anmaßung unangenehmer Zeitgenossen nicht immer entziehen können, ebenso wie wir gelegentlich auch zu Recht grollen. Mit der Lebermudra vermögen Sie jedoch Ihr emotionales Gleichgewicht wiederherzustellen. Der Ärger lässt nach, Ihr Körper entspannt sich, und die Gedanken kreisen nicht mehr um den unerfreulichen Anlass.

Dank der Mudra können Sie sich nun entspannt zurücklehnen und gelassen über das Geschehene nachdenken. Sie haben Abstand gewonnen und lassen sich daher nicht mehr von Ihrem Unmut leiten. Falls es notwendig ist, haben Sie jetzt den kühlen Kopf, um angemessene Entschlüsse zu treffen und sich in entsprechender Weise vor ähnlichen Verletzungen zu wappnen. Ob es jedoch ein weiteres Mal geben wird, scheint fraglich, da Sie sich durch die Mudra einen merklichen Schild vorhalten. Hierdurch zeigen Sie eine kühle Distanz, die Ihre Widersacher zurückschrecken lässt.

Gleichzeitig ist die Mudra eine gute Trösterin, die Ihnen, sobald Sie mal so richtig verzweifelt sind, hilft, zu sich zu kommen, auf dass Sie wieder Kraft in sich finden. Sie werden sich Ihrer eigenen Stärke bewusst. Und sollten Sie sich Ihrer Kraft unsicher sein, so finden Sie die richtigen Worte, sie von höherer Warte zu erflehen. Ihre Gebete zeigen Wirkung. Sie öffnen sich für eine Ihnen zuströmende Kraft, die Sie ermuntert. Treten Sie mit ihr in geistige Zwiesprache, finden Sie Lösungen, die Sie einen mächtigen Schritt in Ihrem Leben voranbringen.

Himmelsschlüssel –
eine Mudra für Glückselige

So formen Sie die Mudra: Halten Sie alle fünf Finger der rechten Hand zusammen. Umfassen Sie die Finger mit Ihrer linken Hand, so-dass die Außenseite des Zeigefingers in Höhe der mittleren Finger-knöchel ruht. Der linke Daumen liegt am Knöchel des rechten. Halten Sie die Mudra über zwölf Atemzüge in Nabelhöhe.

So stärkt Sie der Himmelsschlüssel

Betrachten Sie Ihre Hände, können Sie in dieser Mudra einen kräfti-gen Trieb erblicken, der aus der Erde schießt. Der Name dieser Mudra ist angelehnt an die Schlüsselblume, die ihre lichtzarte Blüte mit der ersten Frühlingssonne durch die abschmelzende Schneedecke schiebt. Eine vergleichbare, die winterharte Kälte überwindende Kraft stößt auch die Mudra in Ihrer Hand an.

Mit dem Himmelsschlüssel überwinden Sie folglich jeglichen Still-stand und streben wieder sonnigen Gefilden zu. Sie finden den Mut, sich von dem, was Sie bislang lähmte, zu befreien. Ihnen fließt die Stärke zu, den hierfür notwendigen Schnitt zu vollziehen. Hierdurch öffnen Sie sich einen Raum, in dem Ihre Wünsche möglich werden. Sagen Sie sich: »Ich habe die Kraft, meine Wünsche Wirklichkeit wer-den zu lassen.« Und je ernsthafter Ihre Wünsche sind, desto kräftiger besiegeln Sie diesen Pakt mit sich selbst. Sie holen sich das Glück an Ihre Seite.

So wie Ihnen die Mudra das Kreuz stärkt, für sich einzutreten, festigt sie auch Ihr Selbstbewusstsein, und dies in ungewöhnlicher Weise. Besinnen Sie sich darauf, scheint Ihr Geist sich über seine Grenzen hinaus zu weiten. Sie nehmen sich in Ihrer möglichen Fülle wahr. Das bedeutet, Sie erahnen die Mächtigkeit Ihrer Begabungen und Wesenszüge. Zugleich wissen Sie, wie Sie dieses gewaltige Potential für sich nutzbar machen können.

Nehmen Sie diese Sicht mit Dankbarkeit an. Betrachten Sie sie als Erhörung Ihrer Gebete. Nunmehr müssen Sie Zeiten der Dürre nicht mehr fürchten. Sie werden sie unbeschwert durchstehen. Ja, Sie wer-den auch in einer Wüste blühen.

Halten Sie den Him-melsschlüssel seiten-verkehrt, also mit der rechten Hand die linke umspannend, ziehen Sie die Kraft herbei, drängende Probleme sofort entschlossen anzugehen.

Wünschen Sie sich schöne Träume herbei. Kreuzen Sie dazu den Mittelfinger über den Zeigefinger und richten den Ringfinger gegen die Spitze des Zeige-fingers.

Die Nadelmudra
schiebt Sie in den Vordergrund

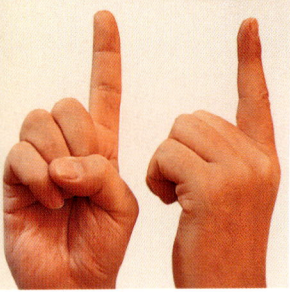

So formen Sie die Mudra: Strecken Sie die Zeigefinger in die Höhe. Die Daumen halten Sie quer gegen die Nägel der übrigen Finger. Heben Sie die Arme in Schulterhöhe. Strecken Sie den rechten Arm nach vorne und ziehen Sie den linken zur Schulter. Heben Sie Ihr Kinn und atmen Sie ein. Beim Ausatmen wechseln Sie die Position der Arme und halten sie wieder beim Einatmen. Wechseln Sie in dieser Weise die Armhaltung über wenigstens zwölf Atemzüge.

Als Heilmudra wirkt die Nadelmudra kräftigend auf die Halswirbelsäule und entspannend auf die Rückenmuskulatur.

So stärkt Sie die Nadelmudra

»Schaut mich an, hier bin ich. Ich bin nicht zu übersehen.« Mit Stolz und Selbstbewusstsein demonstrieren Sie bereits gestisch diesen zentralen Impuls der Nadelmudra. Sie melden sich zurück und zeigen, dass fortan mit Ihnen zu rechnen ist. Denn mit der Mudra nehmen Sie die Kraft in sich auf, Ihren Willen und Ihre Absichten lautstark zu bekunden. Und hierfür verleiht Ihnen die Mudra auch die notwendige Kühnheit und Stimmkraft.

Dies ist nicht nur ein psychischer Effekt, sondern auch eine sich durch und durch körperlich mitteilende Energie. Sie stehen fest und aufrecht, voller Spannkraft. Ihr Blick ist offen und, wenn es Not tut, entsprechend hart. In Ihrer Stimme liegt die gleiche Festigkeit, und auch Ihre Rede erhält Prägnanz.

Gleichzeitig verleiht Ihnen die Mudra geistige Klarheit, durch die Ihnen die urgründigen Motive für Ihr Wollen deutlich werden. Hierdurch sind Sie imstande, für sich die richtigen Prioritäten zu setzen.

 **Gut zu wissen**

Wohlbefinden für Bauch und Magen

Als Heilmudra angewandt, hilft die Nadelmudra bei Problemen mit der Galle und dem Magen-Darmtrakt. Der Gallenfluss und mit ihm die Verdauung werden angeregt. Blähungen und Verstopfung werden gelindert.

Die Quickymudra –
ein Feuerwerk für Ihr Gemüt

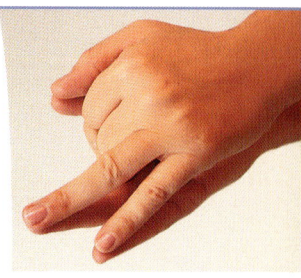

So formen Sie die Mudra: Diese Mudra besteht aus einer komplexeren Bewegungsabfolge. Zu Beginn halten Sie die flachen Hände aneinander. Anschließend falten Sie in der unten beschriebenen Reihenfolge die Finger beider Hände in die Handflächen. Diese Finger liegen an ihren Mittelgliedern, die anderen Finger mit den Fingerkuppen aneinander. Die Handballen lösen sich nicht voneinander. Halten Sie jeden Schritt der nachstehenden Bewegungsabfolge wenigstens einen Atemzug lang in Herzhöhe:

- beide Daumen einschlagen
- beide Ringfinger einschlagen
- beide Mittelfinger einschlagen
- beide Zeigefinger einschlagen
- beide kleinen Finger einschlagen
- beide Zeige- und Mittelfinger einschlagen
- beide Mittel- und Ringfinger einschlagen
- beide Ring- und kleinen Finger einschlagen

In Sekundenschnelle wieder fit werden und neue Energien mobilisieren – mit der Quickymudra gelingt Ihnen das in kurzer Zeit.

So stärkt Sie die Quickymudra

Die Quickymudra ist in der Tat ein wahrer Muntermacher, mit dem Sie augenblicklich Ihre Chakren, das sind unsere psychosomatischen Energiezentren, anregen. Hierdurch vermitteln Sie sich einen Energiestoß, der Sie körperlich und seelisch aufrichtet. Sie sind absolut gegenwärtig und hoch sensibilisiert. Ihre Sinne und Ihr Geist sind hellwach. So erkennen Sie mit ungewohnter Schärfe, was um Sie herum vorgeht und sind imstande, hierauf präzise zu reagieren.

Haben Sie die Mudra in Anwesenheit anderer Personen geformt, übertragen Sie auf diese auch Ihr persönliches Energiemuster. Dies bedeutet, da die Mudra Sie in positiver Weise aufrichtet, dass ein ähnlicher Kraftstrom auch die Anwesenden erfasst. Folglich haben Sie mit der Quickymudra auch ein starkes Medium zur Einflussnahme an der Hand. Mit ihrem Impuls lassen Sie andere in unmittelbarer Weise an Ihren Empfindungen und Ihrer Gedankenwelt teilhaben. Und es steht allein in Ihrer Verantwortung, wie weit Sie dabei gehen.

Gestalten Sie sich Ihre persönliche Meditation. Wählen Sie sich dazu Ihre drei Lieblingsmudras aus. Bilden Sie daraus eine Folge, und Sie halten eine stete Kraftquelle in Ihren Händen.

Register

Falls Sie eine Mudra für eine bestimmte Gelegenheit suchen, hilft Ihnen dieses Register weiter. In ihm sind die verschiedenen Eigenschaften und Indikationen der vorgestellten Mudras zusammengefasst.

Impressum

Der Autor
Matthias Mala ist bekannter Autor zahlreicher Bücher und mit der Thematik bestens vertraut.

Wichtiger Hinweis
Die im Buch veröffentlichten Ratschläge wurden mit größter Sorgfalt von Verfasser und Verlag erarbeitet und geprüft. Eine Garantie kann jedoch nicht übernommen werden. Ebenso ist eine Haftung des Verfassers bzw. des Verlages und seiner Beauftragten für Personen-, Sach- oder Vermögensschäden ausgeschlossen.

Bildnachweis
Umschlagfoto: Corbis
Fotos: Bavaria/Masterfile/VCL S. 8, 36; IFA-Bilderteam/ P. Sinclair S. 18; Mauritius/ Glamour Intern/Eisele S. 28, 44; Super Stock S. 4, zefa/ H. G. Rossi S. 54; alle übrigen: Franz Kunze, München

Impressum
Die Deutsche Bibliothek – CIP-Einheitsaufnahme

Ein Titeldatensatz für diese Publikation ist bei Der Deutschen Bibliothek erhältlich

Midena Verlag, München
© 2000 Weltbild Ratgeber Verlage GmbH & Co.KG

Projektleitung: Carina Janßen
Redaktion: Yvonne Georgi, Langenau
Herstellung: Gabriele Schnitzlein
Bildredaktion: Sylvie Busche/ Doris Huber
Umschlagkonzeption: Hovedkvarteret, Kopenhagen
Gesamtlayout: Hovedkvarteret, Kopenhagen;
H3A GmbH und Andreas Hubert, München
Satz: H3A GmbH, München
Reproduktion: Fotolito Longo, Bozen
Printed in Italy

ISBN 3-310-00677-8